雷海宗文集

中国史纲要

雷海宗

——著

天津出版传媒集团

天津人民出版社

图书在版编目(CIP)数据

　　中国史纲要 / 雷海宗著. —— 天津 : 天津人民出版
社, 2016.3(2020.5 重印)
　　(雷海宗文集)
　　ISBN 978-7-201-10144-6

　　Ⅰ.①中… Ⅱ.①雷… Ⅲ.①中国历史-古代史-文
集 Ⅳ.①K220.7-53

　　中国版本图书馆 CIP 数据核字(2016)第 040763 号

中国史纲要
ZHONGGUO SHI GANGYAO

雷海宗 著

出　　版	天津人民出版社	
出 版 人	刘　庆	
地　　址	天津市和平区西康路 35 号康岳大厦	
邮政编码	300051	
邮购电话	(022)23332469	
网　　址	http://www.tjrmcbs.com	
电子信箱	reader@tjrmcbs.com	

策　　划	任　洁
责任编辑	张　璐
特约编辑	金晓芸
装帧设计	王　烨
责任校对	邱　珺

印　　刷	河北鹏润印刷有限公司
经　　销	新华书店
开　　本	880 毫米×1230 毫米　1/32
印　　张	7.5
字　　数	170 千字
版次印次	2016 年 3 月第 1 版　2020 年 5 月第 3 次印刷
定　　价	60.00 元

目 录

第一章　地理与史前时代 / 1

　　一　地　理 / 2

　　二　史前时代——石器时代 / 3

　　三　史前时代——金石并用期 / 3

　　四　史前时代——宗教 / 3

　　五　史前时代——文化程度之不齐 / 4

第二章　殷商政治与文化 (公元前 1300—前 1027 年) / 5

　　一　商代的王权 / 6

　　二　甲骨文 / 7

第三章　封建制度与封建社会 (公元前 1027—前 771年) / 9

　　一　封建政治 / 10

　　二　贵族生活 / 11

　　三　封建社会——庶民 / 12

　　四　封建社会——士族 / 12

第四章　成周封建帝国之极盛　(公元前 1027—前 771年) / 15

　　一　营建洛邑, 封藩建国 / 16

　　二　开疆拓土 / 17

第五章　成周宗教 / 19

一　宇宙观与神祇神话 / 20

二　教　士 / 20

三　坛庙与祭祀 / 21

四　大武舞 / 22

第六章　封建帝国之崩溃（公元前 900—前 771 年）/ 25

一　西周的衰微 / 26

二　平王东迁 / 26

第七章　春秋列国之形成（公元前 770—前 670 年）/ 27

一　郑之盛强 / 28

二　四强之兴起 / 28

三　社会变化 / 29

第八章　霸政时期（公元前 685—前 612 年）/ 31

一　齐桓公与管仲 / 32

二　宋襄公图霸 / 32

三　晋文襄霸业 / 32

第九章　晋楚争盟（公元前 620—前 505 年）/ 35

一　晋楚消长 / 36

二　向戌弭兵 / 36

三　晋楚并衰与吴之兴起 / 37

第十章　春秋时代思想 / 39

一　官学衰败，私学兴起 / 40

二　周　易 / 40

三　孔子与儒家 / 41

第十一章　吴越之争（公元前 505—前 473 年）/ 43

一　吴国称霸 / 44

二　越国后来居上 / 44

第十二章　七雄局面之成立（公元前 473—前 362 年）/ 47

一　三晋田齐 / 48

二　秦楚内乱与复兴 / 49

三　越之乱亡与燕之渐兴 / 50

四　诸小国之渐趋灭亡 / 50

五　周之丧土与分裂 / 50

六　新军器与新战术 / 51

七　魏之图强与失败 / 51

八　列强之拓土 / 52

九　社会革命 / 53

第十三章　合纵与连横（公元前 361—前 311 年）/ 55

一　商鞅变法 / 56

二　变法后之发展 / 56

三　秦霸天下 / 56

第十四章　秦之独强（公元前 310—前 272 年）/ 59

一　东帝与西帝 / 60

二　齐之一败涂地 / 60

三　楚之削弱 / 61

第十五章　战国诸子 / 63

一　治国平天下之道 / 64

二　激烈的争鸣 / 64

第十六章　秦并六国（公元前 271—前 211 年）/ 67

一　大败三晋 / 68

二　秦灭周 / 68

三　燕与三晋 / 69

四 末次合纵与最后努力 / 69

五 六国之单独困斗与继灭 / 70

第十七章 专制一统之初试及其失败（公元前 221—前 202 年）/73

一 秦始皇之一统政策与旧势力之反动 / 74

二 秦 亡 / 75

三 楚汉之争 / 75

第十八章 汉代政治（公元前 202—公元88 年）/ 77

一 官 制 / 78

二 兵 制 / 79

三 汉初所谓"封建"问题与外戚之患 / 80

第十九章 汉代社会与经济（公元前 202—公元88 年）/ 81

一 旧社会阶级之破裂——氏与姓之混淆 / 82

二 旧社会阶级之破裂——迁徙赐姓与变姓 / 82

三 新阶级制度——大地主与农民奴婢 / 83

四 新阶级制度——商贾 / 83

五 新阶级制度——贵贱贫富与社会改革 / 83

六 新阶级制度——四民之并为臣妾 / 85

第二十章 汉代武功（公元前 202—公元88 年）/ 87

一 武功伟人 / 88

二 匈 奴 / 89

三 西 域 / 90

四 朝鲜百粤与西南夷 / 90

五 文化势力之播及日本 / 92

第二十一章 汉代内政（公元前 202—公元88 年）/ 93

一 帝制名实与皇帝崇拜 / 94

二 皇权与宦官幸臣 / 95

三 皇权与外戚 / 95

四 皇权与地方官 / 96

五 中兴之治 / 98

六 听天由命之消极人民 / 99

第二十二章 秦汉宗教 / 101

一 神仙家与黄老学 / 102

二 儒教之成立——素王 / 102

三 儒教之成立——经典 / 103

四 阴阳谶纬学 / 105

五 儒道阴阳糅合之国教 / 106

第二十三章 秦汉思想 / 107

一 思想之学术化 / 108

二 儒道思想之结束 / 108

三 古代思想之总结束——王充 / 108

四 古代文化之总清算 / 109

第二十四章 大汉帝国之末运(89—316年) / 111

一 政治制度之破裂——外戚与宦官 / 112

二 政治制度之破裂——国军消灭与地方割据 / 113

三 政治制度之破裂——财政与一般政治之紊乱 / 114

四 天灾人祸与人口之减少 / 115

五 乱亡经过——羌乱 / 116

六 乱亡经过——党锢黄巾与十常侍 / 116

七 乱亡经过——董卓与李郭之乱 / 118

八 乱亡经过——曹操与三国 / 119

九 乱亡经过——西晋与中原之沦丧 / 121

第二十五章　末世之宗教与人生观 / 123

　　一　儒教之凝结与衰颓 / 124

　　二　清谈与隐逸 / 124

　　三　道　教 / 126

　　四　佛教之输入 / 126

第二十六章　五胡乱华（317—383年）/ 129

　　一　背　景 / 130

　　二　中原沦丧 / 131

　　三　汉族南迁 / 133

　　四　南北分局 / 134

第二十七章　南北朝（383—589年）/ 135

　　一　南北互诋 / 136

　　二　南　朝 / 136

　　三　北　朝 / 137

　　四　门　阀 / 138

　　五　南北消长与混一 / 139

第二十八章　新宗教之酝酿与成熟 / 141

　　一　新宗教之酝酿 / 142

　　二　辩　教 / 142

　　三　佛教之成熟 / 143

第二十九章　隋唐政治与社会（589—755 年）/ 145

　　一　官　制 / 146

　　二　兵　制 / 147

　　三　均田与赋役 / 147

　　四　学校与选举 / 148

第三十章　大唐二元帝国(618—755年) / 149

一　疆　土 / 150

二　外蕃之威抚与恩抚 / 151

三　内　政 / 151

第三十一章　隋唐宗教 / 153

一　教　会 / 154

二　宗　教 / 155

三　佛　学 / 155

四　唐诗中之哲学 / 156

第三十二章　二元帝国之灭亡(756—960年) / 157

一　外患频仍 / 158

二　藩　镇 / 158

三　宦官与禁军 / 159

四　财政紊乱、起义军兴起与唐之灭亡 / 159

五　五代十国 / 160

第三十三章　新儒学与复古运动 / 163

一　背　景 / 164

二　武宗废浮屠与韩愈辟佛老 / 164

三　李　翱 / 165

第三十四章　宋之积弱与变法失败(960—1085年) / 167

一　兵　制 / 168

二　财政与民生 / 169

三　科　举 / 170

四　缠　足 / 171

五　国防生命线之始终缺乏 / 171

六　王安石 / 172

七 王安石变法 / 172

八 变法失败 / 173

第三十五章 宋 亡(1086—1279年)/ 175

一 北宋灭亡 / 176

二 南 宋 / 177

三 金 / 178

第三十六章 宋代理学 / 179

一 朱 陆 / 180

二 书 院 / 180

第三十七章 亡国政治——元(1279—1368年)/ 183

一 非中国重心之欧亚大帝国 / 184

二 种族与阶级 / 185

三 兵制与驻军 / 185

四 财政与纸币 / 186

五 喇嘛教 / 187

六 元 亡 / 187

第三十八章 明之复国与政治文化之停顿(1368—1528年)/ 189

一 科举与八股 / 190

二 政治设施——专制之深刻化 / 190

三 政治设施——宦官之始终当权 / 191

四 兵制与军事 / 192

五 海外扩张与汉族闽粤系之兴起 / 193

第三十九章 元明理学 / 195

一 陈献章 / 196

二 王阳明 / 196

第四十章　新势力之兴起与明之乱亡(1528—1644 年) / 199

　　一　蒙　古 / 200

　　二　日　本 / 200

　　三　西　洋 / 201

　　四　满　洲 / 202

　　五　明之乱亡 / 203

第四十一章　清朝盛世(1644—1839 年) / 207

　　一　疆　土 / 208

　　二　对汉族之压迫——剃发 / 208

　　三　对汉族之压迫——旗地 / 209

　　四　对汉族之压迫——降臣 / 209

　　五　对汉族之压迫——文人 / 210

　　六　刚柔并施 / 211

　　七　改土归流与西南夷之汉化 / 212

　　八　衰征与内乱 / 213

第四十二章　明末及清朝之学术思想 / 215

　　一　乾嘉学派 / 216

　　二　科学不发展 / 216

第四十三章　传统政治文化之总崩溃(1839—1912 年) / 219

　　一　背　景 / 220

　　二　鸦片战争前后 / 221

　　三　传教问题与太平天国 / 222

　　四　甲午戊戌与庚子辛丑 / 224

　　五　科举废除与帝制推翻 / 225

第一章　地理与史前时代

一　地　理

中国大地上的远古人类,最早出现在黄河、长江、辽河流域和西南地区。中国位于亚洲东部,地理环境复杂多样,四境有着天然的地理屏障。西北是高寒的帕米尔高原,西南是世界上最高的喜马拉雅山,东临浩瀚的太平洋,北面有广袤无际的沙漠和草原,于是自成完整的地理区域。这种情况使得我们的远古祖先基本上走了一条独立发展的道路,创造了独特的中国史前文化。

黄河流域最早得到开发,到了春秋时代,长江流域渐渐同化。珠江流域的中国化已是秦并天下以后的事。《周礼》"夏官司马"一章可代表战国时代对于当时地势的知识,也可代表中国古今的一般知识:就是无论内容如何,形式总是非常齐整的。

《周礼》的成书年代疑为战国,大致和《禹贡》的成书时代差不多,前者被当作夏禹所定,后者被当作周公所制。书中"夏官司马"一章将天下分为九州,名称大致和《禹贡》相同,差别在于《周礼》中有幽、并二州,而《禹贡》有徐、梁二州。体例是分别叙述各州所在;列出本州"镇山"和川泽,又专列出一个"浸",浸是有灌溉之利的水体,还列出本州特产、重要家畜和农作物。再特别指出本州人口中男女人数比例。由于它特别列出有灌溉之利的"浸",实际反映出当时已知分布于各地区的主要灌溉。这些灌溉区所在,和其他文献记载以及后世水利发展的情况相符合。这是战国时对已发展的农田水利的简要总结,同时也反映了"大一统"思想在当时已经成形。

二 史前时代——石器时代

约两万年前，今日中国的西北与蒙古高原一带正处在旧石器时代，不过那时的中国居民是否为后代华夏民族的祖先，还是疑问。后来渐渐进到新石器时代，今日的河南、山东、陕西、甘肃、辽宁、内蒙古各地发现同样的石器遗物——有孔的石斧、石环、石刀等。此外又发现具有中国文化特征的鬲形土器，并且同时发现的人类骨骼与今日华北的人相同。所以新石器时代与后日的中国在血统与文化上大致可说是一体的。

但新石器时代又有自西来的新民族与原始的中国人混合，河南、甘肃、辽宁都发现他们带来的西方式的彩绘土器。这时许多小部落林立，除渔猎外，简单的农业已经开始。

三 史前时代——金石并用期

公元前 2000 年，中国大概仍在新石器时代。此后渐有铜器，文化进入金石并用的阶段。同时土器与骨器也很普遍。文字与历法大都是此时的产物。农业的地位日渐重要，部落间的战争与兼并也日渐严重。到公元前 1700 年左右，夏、商两部最强，当初夏尤强。最后商灭夏（约公元前 1600 年），成汤成为中原多数部落名义上的共主。

四 史前时代——宗教

在原始社会，宗教势力甚大。巫祝阶级与统治阶级地位不相上下。同时因农业与民生关系重要，各种洪水或干旱的神话也在民间流行。黄帝战蚩尤是中国上古神话的典型代表，这场战斗十分激烈，涉及风伯、雨师等天神，而风、雨、旱、雾等气象也成了相互进攻的利器。这则神话不仅涉及古代的祈雨、止雨巫术，还涉及一些具有重要文化意义的发明，内涵较为丰富。大禹治水的传说正是古代先民与洪水斗争的反映。

五　史前时代——文化程度之不齐

交通不便，各地开化的先后不一。开化的人占领平原，自称华夏。华夏民族已进入铜器时代，仍有一部分落伍的人散居山林，只知使用石器。华夏人称他们为蛮夷戎狄。东方曰夷，南方曰蛮，西方曰戎，北方曰狄。直到春秋时代仍有这种情形。至于两种人在血统上的异同，现在无从追考。

夷分布在今山东、安徽、江苏北部一带。莱夷在齐的东面，淮夷分布在淮河中下游。诸夷中以淮夷最为强大。

北戎、山戎分布在今河北和辽宁等地；姜戎、陆浑之戎本在今甘肃一带，后来被迫迁徙到今豫西。尽管戎狄和华夏在文明程度上有差距，但这对彼此交往并无太大妨碍，如周王曾娶狄女为后，晋献公、文公也曾娶戎族女子为妻。

群蛮和百濮居于楚之南。春秋时，楚与晋战于鄢陵，蛮人也出兵随楚。濮在江汉之南，或说在今云南一带。

狄分为白狄、赤狄和长狄。白狄在今陕西一带。赤狄分布在今晋东南一带。长狄之名见于《左传》，具体情况不详。

戎和狄主要分布在今黄河流域或更北和西北地区。据古书记载，戎狄多为"披发左衽"。

第二章　殷商政治与文化

（公元前 1300—前 1027 年）

一 商代的王权

商代是一个方国林立的时代，国家的外部形式表现为方国联盟。商代的方国在殷墟甲骨文中称为"某方""多方""邦方"等，方国首领的称谓有"侯""伯""邦伯""任""田"等。这些方国多是由古代的部族独立发展演变而来的，与商王国缺乏内在的联系，因而具有很强的独立性。诸方国与商王国的关系错综复杂，有的始终与商为敌，有的时服时叛，有的则长期与商结为同盟。可见，商朝并不是大一统的国家，而是一个以商王国为主体的松散联盟；商王国与诸方国并非中央王朝与地方政权的关系，而是国与国之间的关系。

商王国为方国联盟的主体，作为商王国的首领，对其他方国而言，商王具有盟主的性质。商王权力的大小，取决于商王国势力的盛衰。盘庚迁殷以前，商王国曾五次迁都，没有一个稳定的政治中心，由于商王国的衰弱，王权也随之不振。盘庚迁殷（公元前 1300 年）以后，内乱消弭，逐渐形成了以殷都为中心的王畿，王朝的地位才渐渐稳固。正因为有了政治和经济实力雄厚的王畿为后盾，商王国才得以凌驾于诸方国之上，形同中央王国。

此时的商王经常以诸侯之长和盟主的身份对外行使王权，以命令的口吻支使方国首领。殷墟卜辞中有许多商王"呼""令"某侯、某伯的记载，说明商王对某些方国有一定的支配权。西方最强的周在名义上也承认商王为天子。此时似乎没有成周式的封建制度；但部落间已有一种与封建制相近的比较精密的组织。天下一家的观念，此时大概已很普遍；名义上的共主就是这个观念的象征。

　　商王的对外权力虽然有一定的局限性,但在商王国内部,商王的权力则是至高无上的。王权的至尊,是由社会内部结构所决定的。

　　从社会内部结构来看,商王国是一个宗族国家,以宗族体系为基础。在宗族政治体制下,商王具有多重身份,他既是王国的首领,又是同姓宗族的大族长,亦是异姓宗族的君主,集王权、族权、政权于一身。在王国内部,商王自称“余一人”,拥有至高无上的权力,无异于专制君主。

　　商王的王位继承以兄终弟及为主,父死子继为辅。兄终弟及是传统的王位继承法,武乙以前的诸王,兄死由弟继承,直至无弟可传,然后传子。这种继承制度的不确定因素较多,有一定的随意性,容易导致争夺王位的现象。武乙以后的诸王均为父死子继,传子制取代了传统的兄终弟及制,这一制度为后来的周人所沿袭。

二　甲骨文

　　关于商代,旧的史料所供给我们的知识极少。直到清末甲骨文的发现。

　　我国目前考古发现最早的成文资料,始于商朝。商朝的文字资料,有陶文、玉石文、金文和甲骨文几种。其中以甲骨文最为重要,而且数量最为繁多。

　　甲是龟甲,骨是兽骨,主要是牛骨。

　　《礼记·表记》说:“殷人尊神,率民以事神,先鬼而后礼。”殷人尚鬼,遇事好占卜。占卜后便记录下来。记录有写有刻,于甲骨之上或用朱书,亦有墨书;有的先写后刻,有的不写而直接刻;还有的将文字涂以朱砂或墨；也有的镶嵌松绿石，这就是所谓卜辞。甲骨文绝大多数皆为卜辞，间或也有与占卜有关的一些记事文字。

甲骨文出土在河南安阳殷墟以及附近地区，其中以小屯村出土为最多。

甲骨文对我们了解商朝贡献较大。不过用儒经来解释与用古代神话及人类学理论来解释所得的结果相差很远。若按后说，后世所传关于纣王烹人、荒淫与殷周交替的故事，并非全无根据。

第三章 封建制度与封建社会

(公元前 1027—前 771 年)

一 封建政治

公元前 1027 年，周灭殷，又用三年时间平定各地的叛乱，接着，大封子弟功臣，以姬姓贵族为主。最重要的封国有：卫，武王弟康叔的封国，都朝歌(今河南汲县北)；齐，太公姜尚的封国，都营丘(今山东临淄)；鲁，周公旦的封国，周公旦在周室辅政，他的儿子伯禽就国，都奄(今山东曲阜)；宋，归顺的殷贵族、商纣异母兄弟微子启的封国，都商丘；燕，召公奭的封国，都蓟(今北京)；晋，成王弟唐叔虞的封国，都唐(今山西翼城西)。分封诸侯，加上制定礼乐制度，协调了贵族中的等级关系，社会得以稳定，国家由半封建的殷商部落王朝进化到纯封建的成周邦国王朝。

此时周朝政治的组织较以前复杂，王的地位在理论上极高，在事实上也较殷王重要。殷商是一个宗族国家，以宗族体系为基础，殷王是诸侯之长，相当于联盟的盟主，但这个联盟是松散的和不稳定的，殷王的权力大小也视其实力而定。到了周朝，王权得到了强化，周王的地位及其控制天下的能力显著提高。周王又称"天子"，意即天帝之子，在周人看来，他秉承天意君临天下。基于这种认识，周王的地位至高无上，"普天之下，莫非王土；率土之滨，莫非王臣"。周王被视为天下的共主。

从外部形式来看，王朝与王畿的制度日趋周密。诸侯大都是姬姓，与王室有着天然的血缘，异姓诸侯则多是周王室的姻亲功臣，他们名义上都受王封，并须经过固定的封建仪式，表示他们为天子的屏藩。天子与诸侯的关系，最少在理论上，有很清楚的规定。

二　贵族生活

西周社会与商朝一样，仍是由贵族、平民、奴隶三大阶级构成的。与商代不同的是，西周各阶级内部有更细的等级划分，等级制度的色彩尤其明显。

西周的贵族包括周王、诸侯和卿大夫等。卿大夫是对从政贵族的统称，卿和大夫有别，执掌军政事务的贵族称为卿，一般的从政者则称为大夫。

西周是宗族统治的鼎盛时期，宗族体系十分发达，整个社会如同一个大家族，通过分封制的形式建立起来，以宗法制作为维系的纽带。天子的权力是上天授予的，诸侯国是由天子分封的，卿大夫的采邑则是由诸侯分封的，天子、诸侯、卿大夫之间有天然的血缘联系和政治婚姻关系，既是亲戚又是君臣，自然就形成了下级贵族臣服上级贵族、全体贵族臣服天子的政治隶属关系，表现出鲜明的等级色彩。

贵族的生活是当时生活的重心。诸侯公卿向天子、卿大夫向诸侯，以及家臣向卿大夫表示敬意的朝会礼节，占贵族生活很重要的一部分，团体的意识一部分由此造成。

此外贵族最喜欢战争，这些场景在《诗经》都有反映。不打仗时，就猎兽或行射礼。两者可说是战戏。

斯文一点的生活是宴会，虽然宴时的情形并不一定很斯文。宴饮的场面，在《诗经》中多有描写，以《小雅·宾之初筵》之一章最为生动，诗的大意是：宾客就席，揖拜有礼；笾豆成行，佳肴丰盛；酒醇且甘，饮而舒心；悬钟设鼓，献酬频频。箭靶张立，弓已满弦；对手赛射，比试高低；中者为胜，败者罚饮。艺术地呈现了宴饮之礼。当时,除咏战争、田猎、射礼、宴会的诗歌外,最普通的就是情诗与时事诗。

三　封建社会——庶民

封建时代,除少数的权力阶级外,大多数都是被统治的庶民。他们几乎都是佃奴或佃农,农业是当时政治社会的基础。庶民中的少数经营商业与工业。庶民的生活不是个人的,甚至也不是家族的,而是集团的。这一点,从《诗经·豳风·七月》中可以窥见:农奴一年到头辛苦劳作,上头又有田官监督、公子剥削;收获了粮食,要聚集起来送到贵族的仓库;农事既毕,还要为贵族统治者猎取野兽,经办酒宴;当这些劳役完成后,他们才能聚在一起享受难得的欢娱。

庶民的婚姻也有集团的性质。《周礼·地官司徒》载:"媒氏,掌万民之判。凡男女自成名以上,皆书年月日名焉。令男三十而娶,女二十而嫁。……中春之月,令会男女……若无故而不用令者,罚之。"由此可见社会生活也受官家的管制。

四　封建社会——士族

权力阶级称"士"或士族。士为官,称"贵";并且也只有士族能贵,庶民永远是贱的,被统治的。士族有姓,表示他们的尊贵;有氏,表示他们的政治地位。战国前,贵族才有姓氏,贵族男子称氏,女子称姓。因为"姓所以别婚姻","氏所以别贵贱"。贵者称氏,贱者则以职业概括之。如庖丁、匠石、优孟,这些职业名后来才成了姓。当时只是通称。

氏同姓不同者,婚姻可通;姓同氏不同者,婚姻不可通。"礼不娶同姓"，"父母同姓，其出不蕃"。因为"姓"起着"别婚姻"的作用，贵族男子又不称姓，故女子称姓特别重要，为了给待嫁或已嫁的同姓女子加以区别，就形成了对女子的特殊称呼：或是在姓前加排行，如孟姜、伯姬、叔隗；或是以夫家的采邑、谥号为前缀，如晋姬、武姜、文嬴。

士族的生活由"礼"支配，不似庶民的只有"俗"。男女婚姻、生子女等，都有固定的礼法。士族子弟受教育，礼也是很重要的课程，如"七年(岁)男女不同席，不共食"，"八年(岁)，出入门户及即席饮食，必后长者，始教之让"，"十有三年(十三岁)，学乐诵诗，学射御"(《礼记·内则》)。成年加冠，有冠礼。女子受各种妇礼的教育，成年后并行笄礼。成年的士族有享受一切政治权利的机会。除少数由王侯受封土的之外，很大一部分士人都能谋得官职。至于士人死后的丧礼与祭礼，尤其繁复隆重，他所享受的丧葬规格要与他的身份相适应。士族由生至死都受礼的支配。

第四章　成周封建帝国之极盛

(公元前 1027—前 771 年)

一　营建洛邑,封藩建国

殷商末期,西方的周渐强,最后取代了殷的共主地位。

周公为了加强对殷人的控制,本着武王的遗志,营建洛邑。而后成王迁都于此,命名为成周。成王所以营建成周,主要是因为原来的都城丰镐远在黄河以西,不适应灭商以后的新形势。为了进一步巩固中央政权,就必须将政治中心向东迁移。当初武王死后,管蔡联合武庚叛乱,就更说明营建成周洛邑的必要性和迫切性。

洛邑建成之后,周公又迁殷商"顽民"于洛邑附近,令其定居,并且告诫他们说,"今尔惟时宅尔邑,继尔居,尔厥有干有年于兹洛"(《尚书·多士》),又说,"尔乃自时洛邑,尚永力畋(田)尔田,天惟界矜尔"(《多方》)。

这就是要商顽民在洛邑附近安家落户,老实种田,永做周王国的驯服顺民。周初对于殷民,不用严刑杀戮,而主张多加教育,以期改造他们。例如,封康叔于卫之时周公就曾反复告诫他说:"汝惟小子,乃服惟弘王,应保殷民,亦淮助王宅天命,作新民","罚蔽殷彝,用其义刑义杀"(《尚书·康诰》)。但是,对于那些敢于反抗不听命者,不但"不有尔土,予亦致天之罚于尔躬"(《多士》),而且还要像对奄君、淮夷、徐戎等那样加以讨伐。

周公所以采取这种安抚与镇压相结合的政策,主要为了达到把广大的东方安定下来,尽量减少被征服的各族首领起来反抗的目的。

周把东方征服的领土大部封与子弟功臣,纯粹的政治封建制度至此才算成立。在周公、成王、康王三代,新兴的封建王朝势力很大,至少对王畿附近的诸侯有些支配能力。

二 开疆拓土

成康之世,"天下安宁,刑错四十余年不用"(《史记·周本纪》),是周代的兴盛时期,周初以来,随着社会经济的发展和统治范围的扩大,周王室与国内各族的关系有了进一步的交往和冲突。

当时周边民族主要有东方的淮夷;南方的楚人,如庸、户、彭等群蛮部落;北方和西北方的游牧民族,如鬼方和猃狁、犬戎;东北地区有肃慎。先秦文献和铜器铭文中有关周与各族的记载,虽然大部分属于战争的记录,但是隐藏在它后面的各族之间的融合及其共同开发,则是历史的主流。

昭王见国力强盛,有心向南方扩张,在南巡汉水时,溺水身亡。穆王继承了父亲的壮志豪情,即位后东征西讨,东至九江,西抵昆仑,北达流沙,南伐荆楚。穆王是古代历史上最富传奇色彩的帝王之一,关于他的传说,层出不穷,最著名的则是《穆天子传》。

但共王以后,周室的势力渐呈裂痕。共王之子懿王在位时,周室衰弱,面对外族入侵已无力抵抗。

第五章　成周宗教

一 宇宙观与神祇神话

整个宇宙在古代是神秘的，宇宙的大神秘中包含无数较小的神秘势力，这就是各种赋有丰富神话的神祇鬼怪。宗教是夏、商、周三代占统治地位的社会意识形态，而三代的宗教是天命神学宗教。天命神学宗教崇拜的对象有天（或称帝、上帝）、祖先神和自然神，而以天为至上神。祖先神和自然神被置于从属于天的位置。这种宗教认为，人间的统治权、统治方式，人间的社会关系都是天意决定的，人必须执行天的命令。

三代时人们信鬼。《礼记·祭义》说："气也者，神之盛也。魂也者，鬼之盛也。合鬼与神，教之至也。众生必死，死必归土，此之谓鬼。"但"周人尊礼而尚施，奉鬼敬神而远之"，说明周人虽还没有摆脱对上帝和鬼神的迷信，但已经把眼光从天上下移到人间，人事日益受到重视。

二 教士

人与神不能直接交接，必须以各种有专门知识的教士为媒介。司祭礼的教士称宗祝，司卜筮的有卜官与筮人，这两种都是国家的宗教官。卜用龟甲，筮用蓍草。春秋时，晋献公想立骊姬为夫人，"卜之，不吉；筮之，吉。公曰：从筮"。卜人坚持说："筮短龟长，不如从长。"可献公不肯听他的，后来酿出祸患。事载于《左传·隐公四年》。

此外尚有巫觋。古代称女巫为巫，男巫为觋，后泛指巫师。虽然国家也用他们，比如祭祀、丧葬之场合，但他们是一般民众与非常情势之下的唯一人神交流的中间人，天旱求雨、祈福禳灾少不了他们。

三 坛庙与祭祀

祭祀有一定的地方。祭神祇的地方称坛，祭祖先的地方称庙。祭祀的种类非常繁多，非常复杂。祭祀时，除用牲与固定的祝词外，音乐与跳舞往往也是必需的。

在各种祭祀中，我们只对祭祖的典礼知道得比较清楚些。《诗经·小雅·楚茨》就是一首祭祖祀神的乐歌，它描写了祭祀的全过程，从祭前的准备一直写到祭后的宴乐，详细展现了周代祭祀的仪制风貌。

这首诗共分六章。第一章写祭祀的前奏。人们清除掉田地里的蒺藜荆棘，种下了黍稷，如今获得了丰收。丰盛的粮食堆满了仓囷，酿成了酒，做成了饭，就可用来献神祭祖、祈求洪福了。第二章进入对祭祀活动的描写。人们步履整肃、仪态端庄，先将牛羊涮洗干净，宰剥烹饪，然后盛在鼎俎中奉献给神灵。祖宗都来享用祭品，并降福给后人。第三章进一步展示祭祀的场景。掌厨的恭谨敏捷，或烧或烤，主妇们勤勉侍奉，主宾间敬酒酬酢。整个仪式井然有序，笑语融融，恰到好处。第二、三两章着力形容祭典之盛，降福之多。第四章写司仪的"工祝"代表神祇致辞：祭品丰美芬芳，神灵爱尝；祭祀按期举行，合乎法度，庄严隆重，因而要赐给你们亿万福禄。第五章写仪式完成，钟鼓齐奏，主祭人回归原位，司仪宣告神已有醉意，代神受祭的"皇尸"也起身引退。钟鼓声中送走了皇尸和神灵，撤去祭品，同姓之亲遂相聚宴饮，共叙天伦之乐。末章写私宴之欢，作为祭祀的尾声。在乐队伴奏下,大家享受祭后的美味佳肴,酒足饭饱之后,老少大小一起叩头祝福。

作为一首记载古代祭祀活动全过程的诗,它对于古代文化,尤其是文化人类学的研究有着重要的文献价值。

四 大武舞

古代的舞蹈已经完全失传,只有周天子祭祖所用的《大武舞》,我们还知道一个大概。《大武舞》是一套分六出的歌舞剧,纪念武王灭殷的事业。第一出为《北出》。第二出为《灭商》。第三出为《南》。第四出为《南国是疆》。第五出为《分陕》。第六出为《复缀》。

《史记·乐书》中有一段孔子对话记录其事体:

宾牟贾起,免席而请曰:"夫武之备戒之已久,则既闻命矣。敢问迟之迟而又久,何也?"子曰:"居,吾语汝。夫乐者,象成者也。总干而山立,武王之事也;发扬蹈厉,太公之志也;武乱皆坐,周召之治也。且夫武,始而北出,再成而灭商,三成而南,四成而南国是疆,五成而分陕,周公左,召公右,六成复缀,以崇天子,夹振之而四伐,盛威於中国也。分夹而进,事蚤济也。久立於缀,以待诸侯之至也。"

这段文字的意思是:宾牟贾问孔子大武舞开始时击鼓警众,台上肃穆很久,为什么迟迟没有后续表演。孔子说乐是现成事物的再现,并解释,开始时舞者手持盾牌,山立不动,象征武王等待时机;发扬蹈厉,象征太公吕望决心坚定;武事毕,单膝跪地,象征周召二公治理国家。再者,乐开始时,舞者象征北出朝歌;再奏象征武王灭商;再奏象征凯旋南归;再奏象征南方归顺;再奏象征分陕而治,周公治左,召公治右;奏第六遍舞者复缀成行表示对天子的崇敬,天子与大将夹舞者而立,振动铎铃,四面出击,威势盛于中国。夹舞者分进而出,是为了战事早些成功。成行以后久立不动,是为了等待诸侯援军的到来。

《礼记·乐记》说:"乐者,天地之和也。礼者,天地之序也。"周朝建立了一整套礼乐制度来维护它的统治。

第六章　封建帝国之崩溃

(公元前 900—前 771 年)

一　西周的衰微

公元前 9 世纪是宗周的势力渐渐衰弱与列国的实力日渐增长的时期,最后周公与后王所建设的封建帝国整个破裂,周室在实力上只等于列国中的一个小国。

周厉王继位后,想要振作,但他横征暴敛,招致了贵族和平民的不满。与周边的少数民族也有矛盾。他还不断南征荆楚,西北方面又防御游牧部落,西北戎狄,特别是猃狁,不时入侵。曾臣服于周的东南淮夷不堪承受压榨,奋起反抗。周厉王为压制国人的不满,任用卫巫监视口出怨言的人,发现就立即杀死,这些引得国内各项矛盾越来越尖锐。公元前 841 年,发生了国人暴动事件,人民包围了王宫,袭击厉王,他仓皇而逃,后来死于彘(今山西霍县)。他出逃后,召公、周公管理朝政,号为共和。

宣王承继厉王的遗志,讨伐侵扰周朝的戎、狄和淮夷,又征伐荆蛮,有一点中兴的迹象,但为时短暂。

二　平王东迁

到幽王时,大局已不可收拾。他贪婪腐败,不问政事,重用佞巧之徒,引起国人强烈不满。周幽王为取悦褒姒,数举骊山烽火,失信于诸侯。结果,又废嫡立庶,废除申后及太子宜臼,立褒姒为后及其子伯服为太子,并加害太子宜臼,致使申侯、缯侯和犬戎各部攻宗周。周幽王被犬戎兵杀死于骊山之下,公元前 771 年,西周灭亡。平王被一部分诸侯保护或挟持东迁,从此历史的重心就由周室移到列国了。

第七章 春秋列国之形成

(公元前 770—前 670 年)

一　郑之盛强

春秋初期，列国中最早统一的是郑国。一时郑横行中原，甚至有吞并中原的野心。郑武公是周王朝的卿士，操王室权柄。郑武公死后，周平王想立虢公为卿士，因郑庄公不满而作罢。为了取信于郑国，平王还与郑庄公交换太子为人质。平王死后，桓王又想使虢公执政，郑庄公便派士兵抢收周地温和成周的庄稼，周郑交恶。桓王十三年(公元前 707 年)，桓王罢免了郑庄公的卿士之职，郑便与周兵戎相见，战斗中郑军射中周王的肩膀，天子威信扫地。

郑国称霸遭到中原其他诸小国的反对，反对最强烈的就是宋国与卫国。郑庄公凭借了"挟天子以令诸侯"的地位，采用了"远交(交齐、鲁)近攻(攻宋、卫)"的政策，努力经营，国际地位蒸蒸日上。到了庄公末年，几乎成为春秋初期的霸主。

二　四强之兴起

齐、晋、秦、楚四方四个大国，内部权力斗争比较复杂，统一也比较迟缓。如齐国的襄公荒淫无道，引起大臣管至父叛乱；晋国发生骊姬之乱，晋献公的儿子死的死、逃的逃，公子重耳流亡国外，国内权臣为拥立国君又展开争斗。正由于此，一群小国才能一时间在中原自由横行。四大国统一之后，这些春秋局面开幕者的小国都成了大国所争的对象，失去了一切行动的自由。

三 社会变化

西周末，春秋初，社会上似乎也起了激烈的变化。平民中有暴富起来的。如《诗经·小雅·大东》是一首描写周代东方诸侯小国怨刺西周王室诛求无止、劳役不息的诗。诗中鲜明地塑造了两个形象：一个是残酷、贪婪、骄奢的西人剥削者形象；一个是被榨取、被奴役、被压迫得透不过气来，对西人满怀仇恨的东人形象，展示了一幅贫富悬殊、苦乐不均的生活图画。

也有人因政治社会的骚动而自行迁徙，寻求乐土，不再受士族的绝对统治。《诗经·魏风·硕鼠》中咏道："硕鼠硕鼠，无食我黍。三岁贯汝，莫我肯顾。逝将去汝，适彼乐土。"面对贵族的严酷剥削，农奴表示要离开他，迁往别处。

列国统一，士族也多少要受国君的限制。但政权仍由士族包揽，并且士族日益斯文，把"礼"抬高到无以复加的程度。这一点在《礼记》中有大量记载，如："道德仁义，非礼不成；教训正俗，非礼不备；分争辩讼，非礼不决……祷祠祭祀，供给鬼神，非礼不诚不庄。"《诗经·鄘风·相鼠》咏道："相鼠有皮，人而无仪。人而无仪，不死何为？相鼠有齿，人而无止。人而无止，不死何俟？"总之，社会生活的每一环节都由礼来规范，不能僭越。

至于平民，有一部分自行解放的人经营工商业，水陆的交通因而也发达起来。崤山以西多木、竹、谷、玉石，崤山以东多鱼、盐、漆、丝，江南多楠木、金属、犀角、珠玑，北方多马、牛、羊。当时齐国物产丰富，国家富裕，因而"冠带衣履天下，海岱之间敛袂而往朝焉"。由于各地物产的不同，需要互通有无，商人就应运而生。

第八章　霸政时期

(公元前 685—前 612 年)

一 齐桓公与管仲

大国统一之后，一方面靠自己的实力，一方面借天子的名义去控制中原一群小国。最早的霸主是齐桓公（公元前685—前643年在位），他任用管仲改革，选贤任能，加强武备，发展生产。号召"尊王攘夷"，助燕败北戎，援救邢、卫，阻止狄族进攻中原，国力强盛。联合中原各国攻楚之盟国蔡，与楚在召陵（今河南郾城东北）会盟。又安定周朝王室内乱，多次会盟诸侯，成为春秋五霸之首。齐国经过一番彻底的整顿，临时成为天下最强的国。

二 宋襄公图霸

齐桓公的霸业，一大半要归功于管仲。管仲死后，桓公衰老，旧的统治渐不能维持。桓公不久也死去，齐国起了争位的内乱，霸主的地位永久丧失。被中原视为蛮夷的楚国乘机向北发展，遂有富于浪漫思想的宋襄公出来，要维持中原大局。宋襄公以仁义见称，继位之后，以贤臣子鱼、公孙固为辅，宋国由此大治。国际上紧跟齐桓公步伐，积极维护宋国霸权。桓公死后，宋襄公欲霸诸侯，却受到楚人阻挠。后一意孤行，发兵攻郑，与楚决战于泓水，宋师败绩。襄公不幸中箭，不久辞世。

三 晋文襄霸业

齐衰，楚国临时横行中原。晋文公重耳，初为公子，谦而好学，善交贤能智士。后受迫害离开晋国，游历诸侯。漂泊十九年后终复国，杀怀公而立。文公对内，拔擢贤能，以狐偃为相，先轸为帅，赵衰、胥臣辅其政；晋民各执其业，吏各司其职，晋国由此大治。对外，联秦合齐，保宋制郑，尊王攘楚。作三军六卿，勤王事于洛邑，败楚师于城濮，盟诸侯于践土，开创晋国长达百年的霸业。因其文治武功，与齐桓公并称"齐桓晋文"，为后世儒家、法家等学派称道。

文公死后，襄公仍能继续维持中原盟主的地位。襄公死后，局势大变。一国独盛的霸政时期过去，晋楚角逐的争盟时期来临。

第九章　晋楚争盟

(公元前 620—前 505 年)

一　晋楚消长

春秋中期一百二十年间没有一国能独霸中原。晋国与楚国势均力敌，争为盟主。两国所争的焦点就是郑国。楚国在城濮之战后，向东发展，灭了许多小国，势力南到今云南，北达黄河。楚庄王改革内政、平息暴乱、兴修水利，国力更为强大，竟向周定王的使者询问九鼎之轻重，意在灭周自立，此即"问鼎"一词的来源。周定王十年(公元前597年)，楚与晋会战于邲(今河南武陟东南)，大胜。不久又进兵围宋，晋人不敢去救，于是中原各小国纷纷归向于楚，楚人称霸中原。后来晋楚两国再度爆发两次大规模战役，一是公元前576年的鄢陵之战，一是公元前557年的湛阪之战，虽皆以晋国获胜收场，但楚国在中原地区仍与晋国保持势均力敌的态势。

二　向戌弭兵

晋楚争盟，几乎每年动兵。小国不胜其扰，两大国不耐其烦。然而通常不过是南部小国属楚，北部小国属晋，两国都没有独占诸小国的把握。竞争了七八十年，最后宋国左师向戌出来为两国讲和。公元前546年七月，诸侯在宋都蒙门外订立弭兵之约。参预结盟的有晋赵武、楚屈建等各国大夫及小国君主。会前，晋、楚约定除齐、秦外各国都要向晋、楚朝贡。由于当时晋国内部出现大夫专政兼并，无力与楚进行战争，而楚国受到吴国牵制，也无力同晋争霸中原，所以结盟后，与会国停止战争，暂时维持了九年的和平。

三　晋楚并衰与吴之兴起

国际和平似乎只是理想。晋楚勉强弭兵八九年之后，就又争盟如故。但两国由于种种的内外因缘，都渐趋衰弱。代兴的是东南隅的吴国。吴本由晋提携起来，以便抗楚。后来吴王阖闾重用孙武、伍子胥，国势盛强，于公元前 506 年大举伐楚，五战楚皆败，楚昭王出逃，郢都失陷。吴国的崛起使国际全局大变，春秋局面也由此告终。

第十章　春秋时代思想

一 官学衰败，私学兴起

散见在《国语》与《左传》中，有历代传下而不为宗教信仰所限制的各种对宇宙人生的解释与理论。这些若非全为后人虚构，可见自西周末年开始哲学已渐萌芽。但春秋末期以前有系统的哲学是否已经发生，还是疑问。即或曾经发生，也完全被后人忘记。

在春秋这个转型期，王室衰败，诸侯国动荡，学在官府的局面被打破，随之而出现的学术下移、典籍文化走向民间，私学开始兴起，这为百家争鸣创造了条件。同时，当时的社会经历着深刻的变革，各国对内要求社会安定、富国强兵，对外要求生存、争霸权，各地的统治者、各种力量都在寻求治国平天下之道。这是百家蜂起争鸣的社会根源。

二 周 易

中华思想文化的源泉是《易》。作为儒家六经之一的《易经》，有很长的形成和发展过程。被后人称为河图、洛书的东西，是烧灼卜骨的表现，是远古先民在长期生活和占卜的实践中感悟出的理性思维和形象思维互相串联、互相渗透的反映。

相传伏羲氏将其归纳总结，对蓍草反复排列，而后画为八卦，将天地间万物的现象都包括于其中，这是原始的易。后来，据说经过周文王的悉心钻研，将其规范化、条理化，演绎成六十四卦和三百八十四爻，有了卦辞、爻辞，人称《周易》。它以简单的图像和数字，以阴和阳的对立变化，来阐述纷纭繁复的社会现象，显示成千上万直至无穷的数字，具有以少示多、以简示繁、充满变化的特点。其所以称为"易",郑玄解释有三义:一是简,二是变易,三是不易。就是讲万物之理有变有不变,现象在不断变化,而一些最基本的原则则是不会变的,这就从客观世界的辩证发展中抽象出了理论上十分丰富的朴素辩证法。旧说到春秋后期,孔子对《周易》进行解释和论说,完成十翼,即《易传》。这样,《周易》就发展成为一部内容博大精深的阐述宇宙变化的哲学著作。中华文明学术的起源很早,但是到了春秋时代才发展壮大。

三 孔子与儒家

孔子是我们所知道的第一个哲学家与政治社会改革家。他的远祖是宋国贵族,殷王室的后裔。他早年丧父,家道衰落,年轻时做过小吏。虽然生活贫苦,孔子十五岁即"志于学"。"三十而立",并开始授徒讲学。曾点、子路、伯牛、冉有、子贡、颜渊等,是较早的一批弟子。连鲁大夫孟僖子其子孟懿子和南宫敬叔都来学礼,可见孔子办学在当时已名闻遐迩。私学的创设,打破了"学在官府"的传统,进一步促进了学术文化的下移。孔子后入仕,任大司寇,致力于加强公室,抑制三桓,援引古制"家不藏甲,邑无百雉之城",提出"堕三都"的计划,但遭到失败。

政治抱负无法施展,孔子不得不"去父母之邦",开始了长达十四年之久的周游列国的颠沛生活。鲁哀公十一年(公元前484年),孔子归鲁,鲁人尊以"国老",初鲁哀公与季康子常以政事相询,但终不被重用。孔子晚年致力于整理文献和继续从事教育。鲁哀公十六年(公元前479年)孔子卒,葬于鲁城北泗水之上。

孔子的道德思想就是仁学,他一生都在推行仁政理想,试图恢复当时已经式微的贵族精神,在全社会建立一套礼乐文明。

　　与孔子同时的还有一班厌世或愤世的隐士，因为他们曾与孔子发生关系，所以他们的名氏或别名或绰号我们还知道。如子路向长沮、桀溺问路，这两位隐士将孔子大大讥讽了一番。楚国的狂人接舆唱着歌谣，从孔子身边飘然而过，不与他谈政治。

　　孔子时代的思想与春秋末期以上思想传统的关系，已不可考，因为那个思想传统早已失传。我们现在说，春秋末年的政治混乱与社会骚动很自然地产出一班消极的隐士与一个积极的孔子。

第十一章　吴越之争

(公元前 505—前 473 年)

一 吴国称霸

吴国偏居东南沿海地区，与越国为邻，有断发文身之俗。严格地说，它还不能算是一个国家，只是一个部落群体。在中原列国眼里，吴是一个经济、文化十分落后的蛮夷之国。公元前584年，晋国开始联合吴国，企图利用吴国牵制楚国的右翼。于是吴国不断侵伐楚国，使楚国忙于应战，疲于奔命。在晋国的扶植下，吴国的军事力量发展得很快，国土日益扩展，声望日益提高。中原诸侯国家和吴国开始建立了联系。公元前522年，伍子胥从楚国逃到吴国，做了相国。他辅佐吴王阖闾，使吴国由极为落后的蛮夷之邦，一跃而成为军事强国。公元前506年，吴王阖闾命孙武、伍子胥率军，联合蔡、唐两国兴师伐楚。柏举一战，楚军一败涂地。吴军乘胜穷追猛打，五战五胜，攻占了楚国的郢都。

公元前482年，吴王夫差会诸侯于黄池(今河南封丘)，夺得霸主地位。晋楚衰弱，春秋争霸的局面结束。

二 越国后来居上

吴王阖闾攻占郢都后，庆功作乐，流连忘返，国内很空虚。越王允常乘机袭吴国。吴王阖闾之弟夫概也悄悄溜回吴国，自立为王。吴王阖闾被迫跟楚国讲和，匆忙回师，赶跑夫概，保住王位，而楚国也侥幸复活。楚昭王接受了痛苦的教训，开始励精图治。为了解除吴国对楚国的威胁，他采取联越制吴的策略。

吴王阖闾决心打败越国。公元前496年越王允常死，其子勾践继位。吴国起兵攻越。吴越两军战于檇李（今浙江嘉兴南），阖闾负伤而死，其子夫差继位。过了两年，吴国出动精兵攻越国。夫椒一战，越军大败。越王勾践委曲求和，夫差接受了。战败后的越王勾践卧薪尝胆，采用十年生聚、十年教训的策略逐渐强大。当吴王夫差北上争霸，国内空虚，对越国疏于防范之机，勾践攻入吴都，获其太子，逼吴求和。从此，吴国国力江河日下。公元前473年，越军又攻破吴都，夫差自杀，吴国亡。

吴越争霸的性质已与春秋前期的诸侯争霸有所不同，所争的已不是国际均势或中原的霸权，而是对方的土地人民。吴国还有点春秋精神，越国就充分表现了战国时代的土地欲。所以吴越竞争可说是春秋战国过渡期间的大变局。

第十二章　七雄局面之成立

（公元前473—前362年）

一 三晋田齐

春秋末战国初,列国都起内乱,推动内乱的大半是封建残余的世家。

三家分晋。春秋时期,整个晋国公室内部为君权而不断争夺、吞并,晋献公为巩固君位,诛灭了桓叔、庄伯之庶族群公子,公族势力受到打击。时隔不久,公室内部再次喋血:献公宠骊姬,欲立其子奚齐为太子,逼杀太子申生,逐重耳、夷吾等群公子,这场内乱丧亡殆尽,"自是晋无公族"。晋文公继位后,鉴于数世之乱的历史教训,不再分封公室宗族子弟,政治上亦不重用公族,而是起用一批异姓贵族,这些贵族大都是随他流亡的有功人员,如狐毛、狐偃、先轸、赵衰等。这就等于废除了公室贵族世袭政权的传统旧制,对后来晋国的灭亡埋下伏笔。

晋文公死后,赵盾专权,晋灵公对赵盾不满,曾两次谋刺赵盾,后被赵盾昆弟赵穿杀死。晋悼公以后,公室彻底衰败,已无力反抗卿族的专权。晋卿均出自范氏、中行氏、智氏、韩氏、赵氏、魏氏,晋君形同虚设。公元前 376 年,韩康子、魏桓子、赵襄子灭智伯,三分其地,晋分为魏、韩、赵国,史称"三家分晋"。

田氏代齐。齐国本是周初吕氏的封地。春秋末,吕氏政权被田氏取代,从此,齐国的主人由姜姓吕氏演化成妫姓田氏。过程是:公元前 671 年,陈国公族内乱,陈公子完为避祸奔逃至齐国,至齐国后为齐国田氏之祖,("陈""田"本为一字)。公元前 545 年,田完四世孙田无宇与鲍氏、栾氏、高氏合力消灭当国的庆氏,取得公族与国人的支持。

公元前 489 年, 田恒自立为相, 田氏掌握齐国国政。

公元前 481 年, 田恒杀齐简公与诸多公族, 另立齐平公, 进一步把持政权, 又以"修公行赏"争取民心。

公元前 391 年, 田和废齐康公。

公元前 386 年, 田和自立为国君, 同年为周安王册命为齐侯。

公元前 379 年, 齐康公死, 田氏仍以"齐"作为国号, 史称"田齐"。

二 秦楚内乱与复兴

秦、楚也都经过内乱, 不过未被异姓所篡。

先说秦国。自穆公之后, 秦国多次发生争夺王位的内乱, 国力日衰, 渐渐从中原诸侯的目光中消失。当韩、赵、魏三家分晋之后, 秦国甚至不敌魏国, 被夺去了河西之地。这一局面一直延续到秦孝公赢渠即位, 中国历史上影响深远的商鞅变法开始, 秦国才走上强国之路。

再说楚国。楚惠王(公元前 488—前 432 年)在位时, 楚国内部发生了一场大的叛乱, 太子建的儿子白公胜兴兵作乱, 自立为王, 后来兵败被杀, 惠王复位, 内乱才平息。此时正是吴越争霸的时期, 楚国遭到吴国的侵略, 一度险些灭国。越国灭吴后, 楚国才得有喘息的机会。楚悼王在位时, 吴起自魏国至楚, 被任为相。他严明法令, 裁撤冗吏, 废除了较疏远的公族, 把节省下的钱粮用以供养战士。于是南面平定了百越; 北面兼并了陈国和蔡国, 并击退了韩、赵、魏的扩张; 向西征伐了秦国。楚国遂又强盛。

三 越之乱亡与燕之渐兴

越国的盛衰经过，极不清楚。越王勾践时，国家骤强，勾践死后就又无声无臭。越王无疆在位时，想要振作，于是攻打楚国。楚威王发兵迎击越军，大败越军，杀死无疆，占领吴越之地，越国因此分崩离析。

同时极北的燕国，此前与中原地区几乎完全无关，现在内部开始加以整顿，渐渐有心向南参加国际的政治。

四 诸小国之渐趋灭亡

在春秋战国之际的大混乱里，小国失去霸政或争盟时代的保障，大多灭亡。公元前 375 年，郑为韩所灭。战国时，卫国的领土不断被强邻蚕食，国君封号也由公降为侯，再降为君，领土几乎全为魏国所占，仅剩濮阳。公元前 487 年，曹为宋灭。陈、蔡都为楚所并。小不足计而自称夏后的杞国也被并于楚，时在公元前 445 年。春秋时代比较重要的小国，只余下宋、鲁为七雄间的缓冲国。鲁悼公时，三桓强大，公室衰弱，鲁君如同小侯。

五 周之丧土与分裂

周室虽微，也同样的经过内乱。土地大半丧于邻国，所余的领土又分裂为东周和西周。西周仍都于王城洛邑，东周都于巩。东西周各有君，天子即周赧王完全成为傀儡。东、西周时常争水灌稻，此外并常起无谓的纠纷。至于在国际上，周已完全失去春秋时代的重要地位。列国称王之后，周更无足挂齿，至多也不过是一个与宋、鲁相等的缓冲国。只有那若有若无的九鼎还教人记得周曾做过天下的共主。

自春秋以来，周王室衰落，各诸侯开始觊觎九鼎。周定王时，楚庄王首次"问鼎之轻重"，被周大夫王孙满驳回。后楚灵王一度也动心问鼎，因国内发生叛乱，未果。

秦惠王时，张仪制定策略，希望能夺得九鼎以号令诸侯，楚顷襄王、齐宣王亦希望争夺宝鼎。周赧王周旋于列国之间，令其相互制约，得保九鼎不失。

六　新军器与新战术

国际政局日渐紧张，战术与军器也大见进步。这时开始有铁兵，虽然铜兵仍占重要的地位。攻守的方法都较前精明，这一点从《墨子·公输篇》中可以看出，公输盘为楚造攻城的云梯，并与墨子推演攻守的战术，"公输盘九设攻城之机变，子墨子九拒之"。除原有的戎车与步卒之外，骑兵现在成为军队中日趋重要的一部分。赵武灵王向北方少数民族学习，提倡胡服骑射，提高军队战斗力。春秋时，田地都有沟界，且阡陌纵横，不利于车马驰骋；到了战国，废井田、开阡陌，战车也变成了骑兵，军队机动性强，而防守更难了。不得已各国都开始修筑长城。长城的修建，足以证明当时的战争是如何的严重。

七　魏之图强与失败

战国时代内部最早整顿就绪的就是处在中央的魏国。魏文侯时，魏相李悝主持变法，他选贤任能赏罚分明，打击旧贵族，重用对国家做出贡献的人；废除井田制，鼓励自由开垦土地；改革军制，加强军备，人民的生活与国家的财政都得到提高。武侯以下，魏暂时强于他国，因而想控制中原，甚至独霸天下。魏的野心引起战国时代第一次的天下大混战。

魏惠王时，国家实力大增。周显王十五年(公元前354年)，魏围攻赵都邯郸，次年赵向齐求救。齐王命田忌、孙膑率军援救。孙膑认为魏以精锐攻赵，国内空虚，遂引兵攻魏都大梁。果然诱使魏将庞涓赶回应战。孙膑又在桂陵(今河南长垣)伏袭，大败魏军，并生擒庞涓。孙膑在此战中避实击虚、攻其必救，创造了"围魏救赵"的经典战法。

周显王二十七年(公元前341年)又发生马陵之战，魏军二度为齐军孙膑所败，齐虏魏太子申，杀庞涓。庞涓死后，魏国彻底衰落，最后的结果，魏抵不过列强的联合攻击，到惠王晚年魏就被降为二等国。

八　列强之拓土

列强不只互相竞争，也向四夷的地域发展。偏北的燕、赵、秦三国占领了沿边的东胡、匈奴、戎人区域。燕国发展到今朝鲜的边疆。在南方，楚国的文化推广到西南夷的地方。至此沿边的夷狄多受中国控制，自古与华夏人杂居的内地戎狄完全被征服与同化。

内地外族的唯一政治自卫方法就是自动的中国化。外族中能这样见机而作的似乎只有中山的狄人。中山中国化的象征就是与列国同时称王。同时在政治文化方面也都极力摹仿中国，中山的政治独立因而能维持到公元前295年。所以中山可说是最后亡的中原夷狄。

九 社会革命

与政治的激变并行的必有社会的更革。可惜关于春秋末战国初的社会变法我们所知甚少，虽然史料较西周末春秋初略为多些。各国的田制都起变化，土地私有渐渐普遍。田赋的制度因而也与前不同。工商业的发展大见进步。长期政乱之后，世族的势力消减。

国君专制，辅助他的是一些出身贵贱不同的文人。如策士苏秦、张仪，均出身贫寒，苏秦早年游说列国不获重用，以致"形容枯槁，面目黧黑"，回到家中，"妻不下纴，嫂不为炊，父母不与言"。张仪游说诸侯，曾被人误认为盗贼而遭殴打，张仪回到家中，问其妻："视吾舌尚在否？"其妻笑曰："舌在也。"张仪说："足矣。"

国君与卿相都极力牢笼士人，凡有一技之长的人就不愁没有雇主。孟尝君广蓄门客，既有冯谖这样的人为他经营"狡兔三窟"，又有鸡鸣狗盗之徒，在关键时候也能派上用场。手下被养的士人，文人虽居多数，但也有少数以身命事人的死士或侠士，造出一种慷慨悲歌的风气。如力士朱亥是魏国都城大梁的屠夫，他与看守城门的侠士侯嬴交往，以后又通过侯嬴结识了信陵君，他在前线锤杀大将晋鄙，帮助信陵君夺得军队指挥权，完成救赵壮举。聂政是战国时期著名的刺客，韩国大臣严仲子与他结交，聂政决心报答他。后来聂政孤身一人去刺杀韩国国相侠累，替严仲子报仇。失败后，为了不连累自己的姐姐，聂政毁坏面目，惨烈死去。

第十三章　合纵与连横

（公元前 361—前 311 年）

一　商鞅变法

战国初期，各国都极力推行整顿内部，向外发展的策略。最早获得成功的大概是魏国，魏文侯重用李悝、吴起、西门豹等人，富国强兵，开疆拓土，暂时横行中原。秦国在孝公即位以后，决心图强改革，便下令招贤。卫鞅自魏国入秦，提出了废井田、重农桑、奖军功、实行统一度量和郡县制等一整套变法求新的发展策略，深得秦孝公的信任，任他为左庶长，开始变法。经过商鞅变法，秦国的经济得到发展，军队战斗力不断加强，发展成为战国后期最富强的封建国家。秦并六国的基础由此建立。

二　变法后之发展

秦变法富强后，魏受影响最大。魏是当时最强的国，后来由于秦约列国进行夹击，终致魏降为二等国，此外秦又极力向蜀进展，最后将这块人口稀少的沃土完全吞并。当时张仪力主伐韩，而司马错主张伐蜀。司马错认为伐韩必将引起列国纷争，使秦陷于不利境地；而蜀国地处偏僻，实力弱小，以秦攻之，如豺狼逐羊群，且不会引发山东各国的矛盾。于是灭蜀。这是战国时代中国政府夷狄事业中最重要的事件，因为蜀是秦并六国的经济基础。

三　秦霸天下

魏国衰弱之后，天下的强国为秦、齐、楚。在三国中秦的势力日益增厚。秦惠文王在位期间,任用贤能,推行法制,并不断向外拓展领土。公元前330年,秦惠文王命大良造公孙衍在雕阴(今陕西甘泉县南)打败魏军。不久,魏尽献河西地于秦。秦以黄河、函谷关为界抵御关东诸侯,进可攻,退可守,在战略上处于十分有利的地位。公元前318年,韩、赵、燕、楚、魏五国合纵攻秦,被秦军打败。其后,张仪又游说拆散齐、楚联盟,秦乘机打败楚军,占领汉中。

　　齐国想趁燕内乱之机将其国完全吞并,但结果失败。具体缘由是:公元前312年,燕王哙将王位禅让给相国子之,没想到子之当国三年,政治败坏,民怨很大。齐国和中山国趁火打劫,攻入燕国,百姓由于痛恨子之,竟然对侵略者表示欢迎,燕王哙和子之都死于非命。后来齐军在燕国大肆屠杀抢掠,十分残暴,燕国人民于是又纷纷起来反对齐军,齐军不得不退出燕国。齐的国际威势或许暂时提高,但实力的伤耗很大。同时秦楚战争,楚国大败,将国防要地汉中割与秦国。秦当初由魏所得的河西之地是秦向东发展的大道,现在汉中又成为秦向南进攻的基地。所以,到公元前311年左右,在三强之中秦的势力最为雄厚。

第十四章　秦之独强

（公元前310—前272年）

一 东帝与西帝

长期战争之后,列国疲乏,暂时息争。又适逢秦有内乱,将侵占的土地一部分退还原主,国际局面因而较前缓和。但这不过是秦的缓兵之计,不久大战复起。此时秦国方面最活跃的人物就是魏冉与白起。魏冉,亦称穰侯,原是楚国人,秦昭王之舅。秦武王因举鼎而死,没有儿子,各兄弟争位,魏冉实力较大,拥立了秦昭王,亦帮秦昭王清除了争位的对手。之后他举荐白起,多次发动战争。战争的结果,楚又大败,完全失去战斗力。秦、齐两不相下,平分中原,秦称西帝,齐称东帝。但因国际舆论的反对,加上其他的原因,两国不久就去名求实,取消帝号。公元前286年,齐湣王与魏、楚伐宋,灭宋国,三分其地。同年,秦攻魏,侵占安邑。

二 齐之一败涂地

齐并宋后,南割楚之淮北,西侵三晋,并有吞并周室之意,此举破坏了均势,引起诸侯恐慌。秦因而约同燕及三晋大举攻齐,楚国亦乘机吞食齐国南境。各国退兵后,燕将乐毅要报三十年前齐灭燕的仇恨,攻下临淄,尽取齐之宝器。齐湣王仓皇出逃,在莒这个地方被杀,齐国临时亡国。幸亏齐将田单坚守即墨,与燕军相持,并运用反间计,使燕王召回乐毅,换上有勇无谋的骑劫。田单又在夜间放出火牛,燕军扰乱奔走,齐人追亡逐北,才得以复国。但齐国的强国地位永久失去。所以燕的胜利实际上是秦的胜利,从此大江以北没有再能抗秦的势力了。

三 楚之削弱

齐败后,天下能勉强抗秦的只有楚国。楚国乘北方混战的机会,一方面侵占齐国的淮北地,一方面又要强迫韩、周、鲁服楚。秦国唯恐楚得机开拓新地,所以燕齐的纠纷虽尚未结束,就不顾一切向楚进攻。公元前 280 年,楚战败,割上庸、汉水以北土地给秦讲和。第二年,秦将白起攻占楚鄢(今湖北宜城东南)、西陵(今湖北宜昌市西北)。公元前 278 年,白起攻占楚国的郢都,焚烧了楚王的坟墓夷陵。楚军溃不成军,于是退到陈(今河南淮阳),将陈作为都城,仍称作郢。

从此之后,楚也失去与秦对抗的能力,秦并六国不过是时间的问题。

第十五章　战国诸子

一　治国平天下之道

　　战国时代政治社会的酝酿，与文化发展的成熟，使思想界放出空前绝后的异彩。知识分子中不同学派呈现出争芳斗艳的局面。《汉书·艺文志》将战国的主要思想学派分为十家——儒、墨、道、法、阴阳、名、纵横、杂、兵、小说。各家学说虽各有侧重，有侧重于道德政治学说的，如儒家、墨家；有侧重于政治、军事之实事的，如法家、纵横家；有侧重于名辩逻辑的，如名家；道家主张"无为"，但其中心要义也还是"为治"。即使是形而上学的哲学问题的提出与探讨，也都围绕着治国平天下这一中心。这形成了这一时期学术发展的一个鲜明特点，对后来中国文化的发展有着深远影响。

二　激烈的争鸣

　　这里着重介绍当时传下的三篇哲学著作，代表三种不同的态度。

　　《庄子·天下篇》是以道家的眼光对当代各派思想的一个扼要的叙述与同情的批评，可说是中国最早的哲学著作。

　　《荀子·非十二子篇》是一种叙述不清的武断批评。荀子将当时的各种学说一一驳斥，认为，战国混乱的原因之一是"百家异说"，要社会安定就要做到"天下无二道，圣人无两心"。这种说法，实际上就是主张封建专制政体下的思想统治。但他的批评逻辑混乱，立论过于主观，而到最后，连"贱儒"这样的侮辱字眼都用上了，可见当时争论之激烈到了失去理智的程度。

　　《韩非子·显学篇》站在国家的立场,专事批评势力最大的儒墨二家,附带地也显现出地位重要的法家思想的轮廓。

第十六章　秦并六国

(公元前 271—前 211 年)

一 大败三晋

齐楚衰败,燕受秦远交近攻策的牢笼也成为秦的与国。所以秦现在可以全力吞并三晋。军功最大的仍是白起。

白起素以深通韬略著称,秦昭王三十四年(公元前273年),白起大破赵魏联军于华阳(今河南新郑北),魏将芒卯败逃,掳获韩、赵、魏三国大将,斩首十三万。又与赵将贾偃交战,溺毙赵卒两万人。四十三年(公元前264年),白起攻韩之陉城,攻陷五城,斩首五万。四十五年,攻韩的野王(今河南沁阳),野王降秦,上党通往都城的道路被绝断。郡守冯亭请求归附赵国,赵国接受了上党,由此激化了秦赵矛盾。四十七年(公元前260年),长平之战,白起将赵军包围,四十五万降卒全被坑杀。从此赵国元气大伤,再也无力对抗秦国。

秦围邯郸,三晋危急的时候,有人提议三晋自动投降,尊秦为帝。此议虽经打消,但韩魏实际已成秦的藩属,赵经过屡次的大败也失去抗秦的能力。

同时秦国内政发生变化,秦昭王听信了范雎的话,忌惮穰侯专权,将其罢相下野,由范雎继之。范雎本是一个心胸狭窄的说客,长平大胜使他心生嫉妒,怕灭赵之后,白起威重功高,使自己无法擅权,便以巧言断送了白起的前程。不久,百战百胜的白起被罢职赐死。

二 秦灭周

三晋大败之后,周起恐慌。西周想要合纵抗秦,结果却给秦

一个把自己吞并的借口。公元前 256 年，东周也灭于秦。公元前
249 年，楚考烈王伐灭鲁，与周关系密切而为最后缓冲的鲁国
为楚占领。两件事本身虽都不重要，但可说是列国最后死战的
预兆。

三　燕与三晋

　　三晋未全灭之先，燕始终不悟，总是与秦联合。秦临时停战
之后，燕仍自行攻赵。公元前 251 年，燕王喜继位，听说赵国壮丁
皆死于长平之战，便想趁火打劫。有大臣劝他，赵国是四战之地，
其民习兵，不可小视。燕王一意孤行。赵国使廉颇为将，大破燕
军。强秦在侧虎视眈眈，两国尚攻伐不断，损兵折将，致使秦收渔
人之利，取赵三十七城。魏国虽有信陵君一度败秦，但三晋最后
的命运至此已十分明显。

四　末次合纵与最后努力

　　六国中最后有胆识的抗秦人物信陵君死于公元前 244 年，
从此抗秦的事业陷入低谷。和平主义的齐国仍守中立，燕国照旧
联秦。楚国还比较强盛，于公元前 241 年组织了最后一次的合
纵，与赵、魏、韩、卫合同攻秦，由赵国的将军庞煖率领五国之师，
一路进军到蕞(今陕西潼关东北)，但是等到秦军一展开进攻，各
国军队便各自纷纷后撤，最后一次合纵因此宣告失败。至此，六
国再也没有力量能够联合起来阻止秦人的兼并步伐，只能任秦
各个击破。

五　六国之单独困斗与继灭

在秦王嬴政的领导之下,十年之间,相继吞并六国。军功最高的就是白起后的名将王翦。六国灭亡的次序是韩、赵、燕、魏、楚、齐。

公元前 231 年,韩国南阳郡守腾献地与秦,秦封之为内史。第二年秦国派腾攻击韩国,俘虏韩王安,秦国将所得韩国土地建立颍川郡。韩亡。

公元前 229 年,秦派王翦、杨端和再次从西、南两面攻击赵国,赵国派李牧、司马尚率兵抵御。秦深知李牧用兵之精湛,再次使用离间计毁赵。秦收买赵王宠臣郭开,令其在国内散布李牧、司马尚欲合谋造反之流言,赵王迁被流言所惑,杀害李牧。第二年,王翦大破赵军,俘虏赵王迁。秦在所得之地邯郸一带设置邯郸郡。赵亡。

秦王在灭赵国之后,欲乘胜攻击燕国。燕太子丹大恐,派遣刺客荆轲行刺秦王,被秦王刺死。公元前 227 年,秦王派王翦、辛胜攻击燕国,燕国联合北戎代族军队联合抵抗,最终秦夺取燕都蓟(今北京西南),燕王喜逃亡到辽东,亲杀太子丹向秦求和。燕王欲在辽东偏安偷生,但不能长久。秦在灭亡燕国之后,将燕都以南地区设置为广阳郡,同时接受燕国原来兼并的上谷、渔阳、右北平、辽西、辽东等郡。燕亡。

公元前 225 年,秦派王贲攻魏,魏王退守在魏都大梁不出,于是秦军引黄河水灌淹大梁,三个月以后城池毁坏,魏王假出降。秦在魏国东部地区(今河南开封、商丘一带)建立砀郡,在被魏国兼并的原宋国地区设立泗水郡。至此,魏亡。

公元前 225 年，秦使李信、蒙武南进攻楚，但为楚国所败。翌年，秦王改派骁将王翦率领六十万大军攻楚，大破楚军于蕲，楚将项燕自杀。公元前 223 年，秦将王翦、蒙武攻入楚国都城寿春，俘获楚王负刍。将所获楚国之地建立九江、衡山、长沙三郡。楚国灭亡。翌年，王翦引兵东进，平定了楚国兼并的古越国之地，降服了那一带的越人君长，建置会稽郡。楚亡。

公元前 221 年，秦将王贲在灭燕国之后，率军南下，一举拿下了不修攻占之备、只图与秦相安无事的齐国，齐王建出降。秦国在齐国的土地上建立了齐郡、琅琊郡。齐亡。

但六国虽已无复合群互助的能力，秦并天下也非易事。除齐不抵抗而亡外，各国都拼命抗战到底，往往只余一隅的地方仍作困兽之斗，有否成功的希望全不顾及。

秦已并天下称帝，似乎把隐处野王的卫国忘记，直至秦二世的时候卫才正式绝祀。

第十七章 专制一统之初试及其失败

(公元前221—前202年)

一 秦始皇之一统政策与旧势力之反动

秦并天下,并非专靠武力;秦国的内政在七国中也最为完美。战国时,荀子游访秦国后,在《强国篇》中谈道:秦民风淳朴,官吏忠于职守,士大夫效忠公室,朝廷办事效率高,所以,它的强大是形势发展的必然。秦始皇把这种政治要推广到天下,以秦为标准而使天下制度文物完全划一。始皇认为,天下苦战不休的原因是因为有诸侯,周天子当初分封同姓子弟为诸侯,年代久了,诸侯疏远,诸侯相互攻伐,周天子不能禁。所以,应该灭六国,分天下为三十六郡;收天下之兵器,聚之咸阳,铸金人十二;统一度量衡,书同文,车同轨;将天下豪富徙于咸阳,集中管理。

积极赞助始皇的是李斯。李斯是楚国上蔡人,早年随荀子学习帝王之术,后为秦朝丞相,是秦朝大一统政策的制定者。

但这种政策极遭文人政客的反对,因而引发焚书坑儒的惨剧。始皇三十四年(公元前 213 年),博士齐人淳于越反对当时实行的郡县制,要求根据古制,分封子弟。丞相李斯加以驳斥,并主张禁止百姓以古非今,以私学诽谤朝政。秦始皇采纳李斯的建议,下令焚烧《秦记》以外的列国史记,对不属于博士馆的私藏《诗》《书》等也限期交出烧毁;有敢谈论《诗》《书》者处死,以古非今者灭族;禁止私学,想学法令的人要"以吏为师"。此即"焚书"。第二年,两个术士侯生和卢生暗地里诽谤秦始皇,并亡命而去。秦始皇得知此事,大怒,派御史调查,审理下来,得犯禁者四百六十余人,全数坑杀。此即"坑儒"。

同时旧势力中有人要用战国时代流行的刺杀方法推翻新建

的一统政治。如乐师高渐离，隐姓埋名，后得到在始皇身边击筑的机会，企图行刺，事败被诛。留侯张良，本是韩国贵族子弟，国破后，募得力士，在始皇东游途中，以大铁锤进行狙击，误中副车。始皇大怒，大索天下，张良逃亡。

二 秦 亡

始皇死于东巡途中，中车府令赵高勾结李斯，篡改始皇遗诏，赐死公子扶苏和大将蒙恬，扶立公子胡亥，是为秦二世。胡亥只知享乐，对赵高言听计从。赵高指鹿为马，排除异己，又设计陷害李斯，继任丞相。公元前 209 年，戍卒陈涉、吴广揭竿而起，天下大乱，赵高迫秦二世自杀，另立子婴。不久被子婴杀掉，诛夷三族。此时，天下诸侯以项籍为首，攻入咸阳，杀子婴及秦诸公子宗族，焚其宫室，分其珍宝财货，秦遂灭亡。

就人事方面来说，建设秦朝政治功劳最高的李斯与处军事重要地位的蒙恬都被谗害，文武两方并失依据，恐怕是秦内部衰乱的主因。秦朝祚命虽短，但却演绎出宦官乱政的丑剧，因而给旧势力一个暂时推翻一统政治的好机会。

三 楚汉之争

秦汉之际是通常所谓楚汉竞争的时期。刘邦和项羽都是在反秦战争中崛起的有作为的政治家。

秦代是初次的天下一统，楚汉之争是初次的群雄逐鹿，从此一治一乱的循环就成为中国历史的定例。许多当初与政治无涉的平民甚至流氓无赖蜂起割据，中国历史上第一个这样起事的人就是陈涉,他与吴广一同在大泽乡(今安徽宿州西南)率众起兵,成为反秦义军的先驱,不久后在陈郡称王,建立张楚政权。他代表下层民众发出了"王侯将相宁有种乎"的呐喊。

但楚汉之争有与后世大乱不同的一点,就是其中含有旧势力反动的成分。各地起事,都以复兴六国的名义相号召;起事的人中也有许多是六国的王孙遗臣。项羽可说是这种遗人的主要代表,他是楚国的贵族,楚国名将项燕之孙,随叔父项梁起兵反秦,项梁战死后,他取得军事指挥权。公元前207年,在决定性战役巨鹿之战中大破秦军主力。秦亡后,他自立为西楚霸王,统治黄河及长江下游的梁、楚九郡。但这浪漫的复古运动终归失败,项羽自己的事业已证明那是万难实现的理想。最后天下又归一统,并且此次成功的是流氓小吏出身的刘邦。刘邦本是泗水亭长,手下的功臣除了张良以外,大多出身低微。萧何、曹参都是普通小吏;樊哙是屠夫;夏侯婴是马夫;灌婴是卖布的;周勃做点卖筐的营生,有时充当丧事吹鼓手。清代史学家赵翼总结为"汉代布衣将相之局"。汉初礼仪简省,当时往往"群臣饮酒争功,醉或妄呼,拔剑击柱",也反映了新王朝政风的平易。

从此经殷、周、春秋、战国千余年间的贵族血统全被推翻,战国、秦代仍然遗留的一点贵族政治也被打倒。普天之下只有平民与平民出身的专制皇帝。

第十八章　汉代政治

（公元前 202—公元 88 年）

一　官　制

　　汉的官制全承秦旧,同时又是此后历代官制的基础。汉代是三公九卿制度。三公是指丞相、太尉、御史大夫。共同行使宰相的职权,协助皇帝处理全国的政务,参预中央政府的行政决策,并负责具体的执行。丞相居百官之首,俸禄最高,掌佐天子,助理万机,金印紫绶,秩俸万石。太尉是朝中仅次于丞相的官职,地位与丞相同,专掌武事,为最高的武官职位,金印紫绶,秩俸万石。御史大夫主要行使副丞相的职权,是丞相的助理,对包括丞相在内的百官公卿的一切行政活动进行监察,三公中地位最低,银印青绶,秩俸中二千石。

　　九卿是指太常、光禄勋、卫尉、太仆、廷尉、大鸿胪、宗正、大司农、少府九个机构。太常,掌宗庙礼仪。光禄勋由秦郎中令演化而来,主管宫廷内的警卫事务,但是实际的权力不只于此。卫尉掌宫门卫屯兵,是一个武职,是皇帝的禁卫司令。太仆掌管宫廷车马及牲畜事务。廷尉主管刑法和监狱以及审判案件。大鸿胪,原称为典客,主管外交。宗正主管皇家的宗室事务。大司农主管全国的赋税钱财。少府主管皇室的财钱和皇帝的衣食住行等各项事务,以及山海池泽之税。九卿的秩俸都是中二千石,银印青绶。

　　东汉制度,除名词外,与西汉并无多少差异。官俸都是半钱半谷。这或者是由战国时传下来的,与春秋以下只食谷或食田的制度不同。

　　官制的形式虽少变化,政治实权的所在却常有转移。普通的倾向,皇帝总是喜欢用私人或地位较低的人,以致理论上地位高的人反倒权势削减，甚至完全无事可做。例如西汉宣帝、元帝时，宦官弘恭、石显先后担任中书令，地位不高，但朝政实由他们把持。位居三公的人仅仅享受一种荣誉罢了。这也是后代普遍的现象。

二　兵　制

战国时代短的期间或者曾行全民皆兵的制度，汉初在理论上仍行征兵制。据董仲舒说："月为更卒，已复为正，一岁屯戍，一岁力役，三十倍于古。"在乡间当差称"更卒"，在中央当差称"正卒"。这些正卒恐怕就是保卫京师宫殿以及各官署的卫士。就是说，符合条件的民众，都要服兵役。这种种力役与兵役总称为"更"。

但实际上很多人不愿当兵，国家只得承认代役的半征兵制。即富人出钱给贫穷的人，让其代服兵役，即"践更"。此制汉初还能勉强实行，武帝以下就不得不另外募兵。春秋时代是上等社会全体当兵，当兵是贵族的荣誉和权利。战国时代除了少数以三寸舌为生的文人外，是全体人民当兵。现在上等社会不服兵役而将全部卫国的责任移到贫民，甚至无赖流民的肩上。这不能不说是武备的衰退。

东汉初郡国的半征兵不能再继续维持，由光武帝正式取消。此外武帝时即盛行屯田，也是一种募兵制。元狩二年（公元前121年），在西北置武威、酒泉二郡，元鼎六年（公元前111年）又分两郡地，加置张掖、敦煌二郡，徙民六十万为屯田。职业兵从此就成为固定的现象。

三 汉初所谓"封建"问题与外戚之患

项羽灭后,刘邦分封功臣,异姓功臣而封王者有八国:张耳、吴芮、彭越、黥布、臧荼、卢绾与两韩信。但不过六年间,刘邦以种种的借口将其诛灭,封国不保,连军功最高的韩信也夷三族。异姓封王,并非出于汉室本心,高帝的杀戮功臣可说是秦亡后群雄争逐的最后一幕。同姓子弟分王天下才是汉鉴于秦未封土而亡所行的真正"封建"制度。后来吕氏之乱的平定,某种程度上是同姓诸王的功劳;所以这个不合时代潮流的制度也可说完成了一件重要的使命。

但文帝以下同姓的"封建"也渐消灭。文帝采用贾谊的建议,将齐国、赵国分割成小块;景帝用晁错的计策,削弱吴、楚;武帝接受主父偃的办法,颁布推恩令,使诸侯王可以将土地分封子弟。自此以后,齐分为七,赵分为六,梁分为五,淮南分为三。所谓郡国制实际与秦的郡县制并无分别。后世的朝代虽往往有做同样的"封建"试验的,但最后的结果总是与汉代同样的失败。

第十九章　汉代社会与经济

(公元前 202—公元 88 年)

一 旧社会阶级之破裂——氏与姓之混淆

春秋以上，"氏"是士族的标识，是权力的象征。如禹为姒姓，其后分封，用国为姓，故有夏后氏、有扈氏、有男氏、斟寻氏、彤城氏。商的祖先契为子姓，其后分封，以国为姓，有殷氏、来氏、宋氏、目夷氏。平民只有姓，无氏；奴隶只有名，无姓无氏；只有贵族才有姓有氏。

权力政治到战国渐渐破裂，到汉代完全消灭。所以"氏"失去当初的意义，因而无形中与"姓"混而为一，统称"姓"或"氏"。《太史公书》一贯地认为"氏"与"姓"为一事，"本纪"中尤为明显。可见到此时连好古的学者在普通的言谈与行文上都不再留意于这种重要的古制。

二 旧社会阶级之破裂——迁徙赐姓与变姓

秦及汉初都勉强六国的世家迁居关中，以便监视。娄敬出使匈奴，回来汇报说，匈奴河南白羊、楼烦王，距离长安只有七百里，轻骑一日一夜可达关中。关中战乱初定，人口稀少，土地肥沃，可以将六国贵族、豪杰迁徙于此，既可以防备匈奴，又可以消除六国反叛的隐患。刘邦欣然同意，于是将十多万人口迁徙关中。

汉代又创了赏赐国姓的制度。如刘邦的谋士娄敬，后来因功赐姓刘，改称刘敬了。此外又有种种的变化，使当初同姓的分为异姓，当初异姓的合为同姓。例如，齐、鲁、吴、楚、秦、晋、燕、赵，这是国名；王氏、侯氏、王孙、公孙，这是爵名；司马、司徒、中行、下军,这是官名;伯有、孟孙、子服、叔子,这是字;巫氏、匠氏、陶氏,这是职业;东门、西门、南宫、东郭、北郭,这是居所。现在这些都可以做姓。还有为了避仇而改姓母姓的。姓氏的流变,足以减少甚至消灭传统权力阶级的阶级意识。

三　新阶级制度——大地主与农民奴婢

战国时代与秦汉之际,政治社会的大混乱产生出一个来历不明的大地主阶级和寄附于他们的许多奴婢,在政治上活动的人多属大地主出身;同时贫贱的人一入仕途就有变成大地主的可能。农民中或者仍有许多自耕农,但很大一部分的农人都以佃耕或雇耕大地主的田为生。他们虽然不是奴隶,但也可说是半寄附于大地主阶级的。

四　新阶级制度——商贾

战国时代商业发达;秦汉一统,商业的进展更加便利。于是富埒王侯的"素封"大贾遍满天下,一时的风气都趋于"舍本逐末"。但商业的社会是流动的,而帝王所希求的是一个完全安定的社会。所以商业虽然较前发达,但秦汉一贯的重农抑商政策始终未变。这个政策可说成功,此后两千年间的中国是一个上下一致的以农为本、以商为末的大致安定的社会。

五　新阶级制度——贵贱贫富与社会改革

汉代仕宦的途径,有以下几种:

一是选举。汉文帝时，已经有"贤良""孝廉"之选，指令中央官吏和地方官吏从地方选拔德才兼备的人才。名臣晁错就是以"贤良文学"之选，经帝王亲自策试，得以升迁为中大夫的。察举孝廉原为两个科目，汉武帝元光元年（公元前134年）"初令郡国举孝廉各一人"，就是举孝一人，察廉一人。自汉武帝之后，至于东汉，从地方官吏到朝廷的名公巨卿，有不少是孝廉出身，对汉代政治影响很大。通过举孝廉，在社会上造成在家为孝子，出仕做廉吏的舆论和风尚，起了改良风俗的社会教育作用。

二是通过学校。汉代的太学是一个读书习礼的场所，既培养了大批后备官员，又有引领社会风气的作用。

商贾不得为官，所以政权由农业阶级所包揽，实际上恐怕多由大地主所独占。大地主既富又贵，商贾富而不贵；此外一般的人民又贫又贱。并且汉代贫富的距离似乎非常之远，因而常有人提议改革。汉哀帝时，师丹辅政，曾经建议以限田、限奴婢的形式缓和社会矛盾。哀帝发布诏书说，诸侯王、列侯、公主、吏二千石及豪富民多蓄奴婢，田宅无限，与民争利，百姓失职，重困不足，指示朝臣"其议限列"。丞相孔光、大司空何武随即制定了限定的额度和限制的措施。然而这些措施遭到当政的外戚、官僚的激烈反对，没有能够真正实行。

最后王莽想要彻底变法，实行土地国有，恢复周朝的井田制，禁止买卖奴婢，王莽的出发点是好的，意在缓和土地兼并，同时防止农民奴隶化。但分田授田的规定无法真正落实，因违禁买卖土地和奴婢而获罪的富人实在太多，于是纷纷反对，变法终归失败。这是两汉四百年间未曾解决的问题，也可说是此后两千年间无从解决的问题。

六 新阶级制度——四民之并为臣妾

上面所述的新阶级制度,实际只是不可避免的社会分工,并非固定世袭的阶级制度。法治的阶级政治已成过去,新兴的是人治的皇帝政治。在崇高无比的皇帝之前,士农工商、富贵贫贱都一律平等,都一样没有保障。富贵的,皇帝可以使他贫贱;贫贱的,皇帝可以使他富贵;兆民的生命财产都在皇帝一人的掌握中。这是此后两千年间的帝制本色,在西汉初还有人怀疑批评,为等级制度辩护,为贵族精神的消亡而惋惜。

例如,《汉书·贾谊传》中说,古时贵族有天子、公卿、大夫、士,与庶人相比,他们是尊贵的,刑戮之罪不加其身;即使有过错,天子可以罢免,可以赐死,绝不会束缚受刑,遭到小吏的谩骂。而到了汉代,周勃因人诬告而下狱,受到狱卒的污辱,贾谊曾以此事讽谏皇帝,认为是古来未有。

当然,自此以后,皇帝之下皆为臣妾就成为无人指摘的信条了。

第二十章　汉代武功

(公元前 202—公元 88 年)

一 武功伟人

战国时代内地的夷狄完全同化，边疆的异族也一部分内属；秦并天下，向外拓土。但汉初经过大乱之后，秦代的新土又部分丧失，边境的安全也难维持。西汉初年，高祖刘邦被匈奴围困在平城高登（今山西大同东）七日未食，用了陈平的计谋才脱围。以后汉朝多采用和亲政策，与匈奴保持和平。到武帝时才又有向外发展的能力。

汉朝在公元前 127 年、前 121 年、前 119 年发动了三次大规模的对匈奴的战役。公元前 127 年，汉武帝派卫青、李息率兵出云中，收复河南地区，解除了匈奴对长安的威胁，秦末以来长期沦陷于匈奴的河套地区被汉收复。公元前 121 年，汉武帝派霍去病出陇西，越过焉支山西进，入匈奴境千余里，大获全胜，缴获休屠王的祭天金人。汉军占领河西之地后，置武威、张掖、酒泉、敦煌四郡。公元前 119 年春，武帝发动了对匈奴的第三次大战役。大军由卫青和霍去病统率，分东西两路向漠北进发。这是有汉以来规模最大的一次远征。霍去病深入漠北两千多里，与匈奴左贤王展开激战，几乎全歼左贤王的骑兵。霍去病乘机追击，至狼居胥山（今蒙古国肯特山），直达瀚海（今贝加尔湖），才奏凯而还。此后匈奴远遁，"漠南无王庭"。

武帝还大力经营西域和南疆，楼兰、姑师、大宛都先后成为汉朝藩属，汉朝影响日益扩大，葱岭以东的西域诸国，相继派人来汉朝朝贡，也使得中原先进的生产技术，包括冶铁、凿井术等，相继在西域得到推广。

在南面，公元前 112 年秋，汉武帝派伏波将军路博德、楼船将军杨仆等率兵十万,水陆并进。经过一年多的征战,完全消灭自秦一直闹独立的南越政权,将其地分置九郡。公元前111年,汉廷攻破南越,夜郎入朝。公元前109年,武帝发兵深入西南,滇国降服,从此西南地区的大部分都归入中国的版图。汉武帝同期护领北疆,在灭北朝鲜卫氏政权的基础上设置乐浪、玄菟、临屯、真番四郡。

此后两千年间,中国政治与文化的疆界大致由武帝划定。

皇帝以外,功劳最大的要算张骞。当时以西北的问题最为严重,冒险打通西北路线的就是张骞。

二 匈 奴

汉的劲敌是匈奴,汉初也正是匈奴组织强盛的时候。匈奴冒顿单于继位后,开始对外扩张,在大败东胡王之后,随即并吞了楼烦、白羊河南王,并收复了蒙恬所夺的河套地区。整个西汉时代,汉朝与匈奴互有盛衰。公元前57年,匈奴统治集团内部发生分裂和内讧,五单于争立,内部大乱,陷于绝境。后来匈奴首领呼韩邪单于稽侯珊在位时,匈奴附汉为藩臣,双方互开关市。至王莽摄政以前,六十余年和平共处,出现了民众富庶、牛马布野的局面。匈奴单于也巩固了自己的地位。

西汉末年及王莽篡位时期,王莽采取侮辱匈奴单于的政策,破坏了持续半个多世纪的和平共处、共同发展的汉匈关系,至东汉光武时始得到改变。

东汉初,匈奴分为南北,南匈奴降汉,北匈奴不久大败,问题似乎解决。但匈奴由此渐居边疆重地,甚至深入内地。后世的乱苗之一由此种下。

三　西　域

汉武帝通西域以牵制匈奴。西域组织散漫,牢笼征服并非难事。西汉宣帝时,设置西域都护府,治所在乌垒城(今新疆轮台东北)。直至西汉末年西域始终内属。东汉初西域独立,但不久就又征服。汉和帝永元九年(97年),甘英奉西域都护班超之命出使大秦(罗马帝国)。他率领使团一行从龟兹(今新疆库车)出发,经条支(今伊拉克境内)、安息(波斯帕提亚王国)诸国,到达了安息西界的西海(今波斯湾)沿岸。这次出使虽未到达大秦,但增进了中国人当时对中亚各国的了解。

匈奴问题已经缓和之后,西域本身仍有保留的价值,因为它已成为中国与西方交通的孔道。新辟的西北四郡就是孔道的起发点,此后两千年间中国即或有时不能维持西域的势力,这个孔道的起发点非万不得已时总是不肯放弃。所以历代西北角的一省都有一条长径伸入西域的腹地,这条长径就是汉的西北四郡。

夹杂在西域与中国之间有许多羌人,大半受中国的羁縻,在边地往往与汉人杂居。西域与东汉盛期,羌地大致安定,和帝以后羌汉杂居成为严重的问题。

四　朝鲜百粤与西南夷

朝鲜、闽越或东越、南粤、西南夷诸地,到汉代也都被征服。这些地方在当时虽是不重要的边地,从此渐渐中国化之后,无形中都成为中国本体的一部或中国文化重要的附庸。

汉武帝建元三年(公元前138年),闽越进攻东瓯,东瓯粮绝,向汉帝告急。西汉派中大夫严助发会稽郡驻军浮海救援。汉军未到,闽越军退走。东瓯王担心闽越再次进犯,请求举族内迁,得到汉武帝准许,于是举众共四万余人迁移到江淮之间。据《史记·汉兴以来将相名臣年表》记载,内徙的东瓯人聚居在庐江郡,即今安徽庐江、安庆一带。

汉武帝元鼎五年(公元前112年),南越国相吕嘉弑王及太后,另立赵建德为王。汉武帝发大军分五路南下,以武力平定南越,西瓯部族也一起归汉。汉王朝从此控制了今广东、广西大部地区及越南北部和中部。汉武帝以其地分置儋耳(郡治在今海南儋县西北)、珠崖(郡治在今海南海口东南)、南海(郡治在今广东广州)、苍梧(郡治在今广西梧州)、郁林(郡治在今广西桂平西)、合浦(郡治在今广西合浦东北)、交趾(郡治在今越南河内西北)、九真(郡治在今越南清化西北)、日南(郡治在今越南广治西北)九郡。南越、西瓯以及相邻地区于是成为汉朝中央政府直属的地域。

元鼎六年(公元前111年),东越攻入豫章(郡治在今江西南昌)。元封元年(公元前110年),汉军数路击破东越,将越人徙于江淮之间。

张骞在中亚的大夏时,见到邛竹杖和蜀布,得知巴蜀有西南通往身毒(印度)的道路。汉武帝根据这一发现,在元狩元年(前122年)派使者从巴蜀启行,试图由此实现和西域的交通。于是,汉王朝和当时称作"西南夷"的西南地区滇、夜郎等部族的文化联系密切起来。

汉初,燕人卫满聚众千余人,东渡浿水(今朝鲜清川江),后击破自称为王的朝鲜侯箕准,自王朝鲜。元朔元年(公元前128年),汉武帝接受濊君南间率二十五万口内属,以其地为苍海郡。元封二年(公元前109年),汉武帝发兵五万,分海陆两路进攻朝鲜。第二年,朝鲜发生内乱,汉军平定朝鲜。汉武帝在朝鲜置真番、临屯、乐浪、玄菟四郡。

五 文化势力之播及日本

汉代中国的势力限于大陆,海外区域唯一受到中国文化影响的就是后世的日本。因为远隔大海,实情难知,所以就产出种种理想化与神怪化的传说。《后汉书·东夷列传》这样描述倭人:"男子皆黥面文身,……父母兄弟异处,唯会同男女无别。饮食以手,而用笾豆。俗皆徒跣,以蹲踞为恭敬。人性嗜酒。多寿考,至百余岁者甚众。国多女子,大人皆有四五妻,其余或两或三。女人不淫不妒。又俗不盗窃,少争讼。犯法者没其妻子,重者灭其门族……""建武中元二年(57年),倭奴国奉贡朝贺,武帝赐以印绶。"

第二十一章　汉代内政

（公元前202—公元88年）

一 帝制名实与皇帝崇拜

皇帝是绝对专制的君王;按理论,连他自己的父母也要向他表示臣服。全天下都是他的私产。刘邦回到家中,对父亲行礼,父亲不敢当,说:"帝,人主也,奈何以我乱天下法!"未央宫建成后,刘邦得意地对父亲说:"当初您常说我无赖,不置产业,不如哥哥刘仲。现在看一看,我与刘仲谁的产业更多?"(《史记·高祖本纪》)

任何人不能不顾皇帝而自由行动,所以先秦残余的游侠精神必须铲除。例如,汉武帝时,河内轵县(今河南济源)有一个游侠叫郭解,轻财仗义,好为人打抱不平,在当地声望很高。为了充实京师,汉武帝下令将国内超过三百万的富户迁往茂陵居住,郭解虽然并没有达到这个标准,但由于他属于需要严加控制的豪杰巨侠,也在迁移之列。郭解终于被迁移到了关中,为他送行的豪客们送给他的礼金就达上千万,关中豪杰也争相与之结交。更有人为了维护他的威名而与人结怨,发生仇杀。最终,汉武帝下令拘捕郭解,将他灭族。

酷爱个人自由的人现在只有逃避人世,隐遁在人迹不到的深山穷谷,才能脱离皇帝的统治。东汉初年的严子陵,是光武帝刘秀的老同学,他隐居山林,"披羊裘钓泽中",虽光武帝遣使聘之,亦不愿入仕。

关于这个崇高无比的皇帝,当然有极隆重的名器制度,如皇帝自称"朕",其言曰"制""诏",所居曰"禁中",所至曰"幸";汉承秦法,群臣上书皆言"昧死言"(蔡邕《独断》)。一般人甚至渐渐感觉,虽无明文规定,连流俗通用而过于尊重的名号也只能施与皇帝。以帝王即位的年岁纪元虽是古制，但到汉代才有皇帝本位的繁复年号制度。年号为中国帝王纪年的名称。最早的年号当属西汉武帝刘彻。刘彻即位之年(公元前 140 年)，即为建元元年。汉武帝在位五十余年，前后一共使用了十一个年号。自武帝肇始以来，从此历代帝王即位，一般大多立有年号。这也可说是一种新的名分，这样的一个皇帝几乎可说已超过人界，与神明相类，汉代的人并且拿皇帝甚至皇室当神明崇拜。不只死的皇帝是神，皇帝生时已经是神。

二　皇权与宦官幸臣

皇权是绝对的，但不免要受事实的限制。皇帝不过一人，大小诸事都须依赖别人。除国家政事须由各级官吏执行外，通常皇帝总有宦官与幸臣日夜陪伴在他左右。如汉武帝时，李延年擅歌舞，因他的妹妹受武帝宠幸，一门显贵。后来，李夫人早卒，李家渐渐失宠，李延年的弟弟李季奸乱后宫，一荣俱荣，一损俱损，汉武帝下诏族李延年和李季兄弟宗族。遇到有作为的帝王这种小人还可无大妨碍，但一个庸主就很容易受他们的包围摆弄，以致天下骚乱，甚至国本动摇。西汉末年，哀帝宠幸面首董贤，形影不离，甚至同榻而眠。董贤没什么功劳，竟官至大司马，位居三公，常居宫中，领尚书事，百官奏事都需经他手方能上达。朝政荒唐到如此地步。

三　皇权与外戚

第二种接近皇帝因而能左右政局的人就是后妃与后妃的父

兄宗族。因为皇帝大规模的多妻制,所以宫中的情形总是非常复杂,因争宠而发生的惨剧甚多。同时宠妃的戚族往往操纵政治,后宫的阴谋与朝中的竞争因而时常打成一片,皇帝一人的私事可使全天下的人遭殃。固然英主可利用外戚,为国立功,如卫青、霍去病等。但无能的皇帝也可变成后族的傀儡。最后篡夺西汉帝位的王莽就是外戚。

王莽字巨君,西汉孝元皇后的侄儿,幼年时父亲王曼去世,很快其兄也去世。王氏家族是当时权倾朝野的外戚家族,王家先后有九人封侯,五人担任大司马,是西汉一代中最显贵的家族。族中之人多为将军列侯,生活侈靡,声色犬马,互相攀比。唯独王莽独守清净,生活简朴,声名远播。后被任命为大司马,从此把持朝政,在他的操纵下,他的女儿也顺利地成为汉平帝的皇后。平帝死后,他故意拥立幼帝,以便控制。公元8年,王莽接受孺子婴的禅让,改国号为"新"。

四　皇权与地方官

第三种在事实上限制皇权的就是天下郡国的地方官。他们与人民直接发生关系,国家法令的实施可以说全操在他们手中。律令本身虽然固定,但他们可以施行,可以不施行;可以从宽施行,可以从严施行;可以直解律文,可以曲解律文;可以为国为民做官,可以为己为家做官。多数的太守令长或者都是一般不好不坏、又好又坏的中才。但有一部分的守令,无论他们的动机是为公或为私,在当时的可能范围内,的确能使他们所治的郡县达到一种近乎理想的境界。

黄霸是西汉著名的官员,宣帝时任颍川(今河南禹州)太守,他制定安民条款,规劝黎民遵章守法,弃恶从善,勤事农桑,节约资财,就连平民的家常琐事,他也考虑得周到得体。他常派官员微服私访,并亲自以平民身份,深入民间,了解官吏情况,关心百姓疾苦。在颍川任职八年期间,政治较为清明,故一时间,颍川出现了"太平盛世",黄霸后来出任丞相。

龚遂字少卿,曾任昌邑王刘贺的郎中令,为人忠厚,刚正不阿,敢于犯颜直谏。后来渤海郡发生灾荒,农民起义并起,皇室多次派兵镇压而不能平息。经官员举荐,七十多岁的龚遂被任命为渤海太守。龚遂赴任至郡境,灾民便发兵相迎,致使不得入境。于是遂以文书布告吏民。并命令解除镇压农民起义的官吏,规劝起义者归田。布告发出后,官民对峙局面迅速缓和。龚遂不带兵卒,单车独行赴任,郡中翕然。龚遂开仓廪,济贫民,选良吏,施教化,劝农桑。农民起义队伍看到龚遂的安抚教令,纷纷解散归田,民得以安居乐业。数年,渤海郡出现了一派升平的殷富景象,诉讼案件大为减少。

同时另外一部分的守令,无论动机如何,都能使他们治下的人民时刻处在恐怖的状态中。例如西汉的严延年,曾为河南太守,镇压豪强,手法严酷,据说曾将囚犯聚在一起会讯,流血数里,诛杀甚众,被称为"屠伯"。后为人所告,以诽谤朝廷罪被杀。

王温舒是阳陵人,年轻时督捕盗贼,杀人很多,逐渐升为广平都尉。他选择郡中豪勇者十余人当属官,让他们去督捕盗贼。如督捕不得力,便灭其家族。因为这个原因,齐地和赵地乡间的盗贼不敢接近广平郡,广平郡有了道不拾遗的好名声。皇上听说后,升任王温舒为河内太守。

王温舒命令逮捕郡中豪强奸猾之人,郡中豪强奸猾连坐犯罪的有一千余家。上书请示皇上,罪大者灭族,罪小者处死,家中财产完全没收，偿还从前所得到的赃物。奏书送走不过两三日，就得到皇上的批准。案子判决上报，竟至于流血十余里。河内人都奇怪王温舒的奏书，以为神速。十二月结束了，郡里没有人敢说话，也无人敢夜晚行走，郊野没有因盗贼引起狗叫的现象。那少数没抓到的罪犯，逃到附近的郡国去了，待到把他们追捕抓回来时，正赶上春天了，王温舒跺脚叹道："唉！如果冬季再延长一个月，我的事情就办完了。"

在理论上，循吏受赏升迁，酷吏受刑黜罢。但实际上，在如此庞大复杂的帝国中，大多数地方官政绩的实情恐怕永无达到皇帝的要求；一地的祸福在普通情形之下几乎完全要靠所谓父母官的才干与人格。

五　中兴之治

皇权政治通常会有种种难以避免的困难。但在汉室中兴后六十年的长久期间几乎完全没有外戚贵臣的操纵与佞幸宦官的捣乱；地方吏治虽严，并不似前汉般残酷。

光武帝刘秀长于民间，了解民生疾苦，熟知稼穑之艰，所以天下初定，能够休养生息，缓解王莽的弊政。当时方经大乱，人口稀少，民生大概比较容易维持。同时光武、明帝、章帝祖孙三代又可说都是少见的开明皇帝。清代史学家赵翼曾发现"东汉功臣多近儒"的事实，他指出，西汉王朝的开国功臣，多出于亡命无赖；至东汉中兴，则军事领袖"皆有儒者气象"。事实上，整个东汉一代，其官僚政治的人才基础，已经大体是儒生。刘秀平定天下后，知天下疲耗，厌倦武事。皇太子曾问攻战之事，刘秀说："这不是你该问的。"刘秀还与功臣宴饮，席间谈笑风生，君臣其乐融融。

刘秀当政的时代，经常召集官员到御座之前，了解吏治得失及民间政治，又亲自考察地方主要官员，选用最有能力者以充分发挥其才干。如杜诗为南阳太守，被当地民众尊称为"杜母"，任延、锡光改变边地落后风气，也有显著的政绩。

在这类百世难逢的因缘巧合之下，天下居然延续了两世的升平境界。这在帝制，甚至任何政制之下，不能不说是个例外。

六　听天由命之消极人民

专制皇帝的出现，并非偶然的现象，乃是必然的结果。全体的人民现在是一盘散沙，由上智到下愚都是绝对定命论的信徒，否认人类有支配自己的命运的能力。个人的祸福既由天降，只得凡事达观；旁人的祸福当然更无代为操心的必要，所以人人只顾自己的事，最多也不过顾到家族的事，社会国家的事无人负责。在这种情形下只有一个专制的皇帝才能勉强使天下不致土崩瓦裂，用强迫的方法叫每个消极的个人都与他发生关系，所以对内对外才能略具一点积极的状态。但皇帝也是人，有好有坏，可使天下蒙福，也可教万民遭殃。这也无可奈何，只有听凭他去，真到忍无可忍时，就盲目的暴动，甚至推翻昏君。暴动胜利的结果，不过照旧产生一个好坏只有天知道的异姓专制皇帝。

王充在《论衡》中说："凡人操行有贤有愚，及遭祸福，有幸有不幸。……孔子门徒七十有余，颜回早夭。孔子曰：'不幸短命死矣。'短命称不幸，则知长命者幸也，短命者不幸也。"强调的就是命运的偶然性。

第二十二章　秦汉宗教

一 神仙家与黄老学

古代的宗教到战国时渐渐破裂，战国诸子大半以理性为根据而立论，只有墨子是一个特殊的例外。但到战国末期宗教精神复兴，除旧有的宗教外，阴阳五行、神仙丹药以及各种新奇信仰都有文人提倡。秦汉的宗教可说是集这种发展之大成，古代的各种信仰，秦汉的人都兼收并蓄，后日的所谓儒道二教都在此时萌芽或成立，此后两千年间日常生活的一切神秘理论也都在此时开始支配人生。

秦汉的神仙家与黄老学就是后世道教的渊源。秦始皇一统天下后，派人带童男童女赴海上求仙，并亲自巡游四海，寻访方士，求长生不死之药。汉武帝也迷信长生，先后听信李少君、齐少翁、栾大的话，终究没有求到神仙。经秦皇汉武的提倡之后，虽然暂时仍没有一种教会的组织，但神仙的信仰恐怕就普遍地流行于民间了。

二 儒教之成立——素王

皇帝或由于真正的信仰，或出于牢笼人民的政策，对一切的神仙与各地各种的神怪无不崇奉。但一部分的文人只崇拜孔子，皇帝对他们也不得不有应付的方策。秦始皇用焚书坑儒的蛮法，未见很大的功效。汉武帝于是改变方针，用尊孔的办法去牢笼当时在文人中势力最大的儒家。汉武帝时代，贬斥黄老刑名等百家之言，起用文学儒者数百人，如齐地儒生公孙弘相继任博士、太常，后做了丞相；著名儒学大师董仲舒以贤良身份，就汉武帝提出的命题发表对策，讨论成就治世的策略。他认为，要想达到善治，必须进行文化体制改革，确定儒学独尊的地位，实现天下的"大一统"。

同时儒家尊君的思想与半历史、半理想的古制传说对于皇帝政治的建设也有很大的贡献。在这种皇帝与儒家交相利用的情势之下，就建设起盛极一时的素王教。儒家也不能逃脱当时的浓厚神秘空气的影响，孔子由一个古代的大师变成一个半人半神受命而未得命的素王。

三　儒教之成立——经典

孔子被尊为教主，同时儒家历代所传授的五经也成了国家所承认的唯一经典，其他百家杂学都被排斥。经过公孙弘、董仲舒诸人的提倡，五经都立于学官。此外并立学校，由各派的经博士担任教授。

汉武帝元朔五年(公元前 124 年)创建太学。太学的创办，是接受了董仲舒的献策。董仲舒指出，太学可以作为"教化之本原"，也就是作为教化天下的文化基地。汉武帝时期的太学，虽然规模很有限，只有几位经学博士和五十名博士弟子，但是这一文化雏形，却代表着中国古代教育发展的方向。太学生的数量，汉昭帝时增加到一百人，汉宣帝时增加到二百人，汉元帝时增加到一千人，王莽时代进一步扩建太学，一次就曾经兴造校舍"万区"。除了太学之外，天下郡国都有学校，初步建立了地方教育系统。

太学的兴立，进一步助长了民间积极向学的风气，同时使大官僚和大富豪子嗣垄断官位的情形得到改变，出身中下层的人也有了入仕的机会。

西汉的经学界几乎完全为富于时代的浓厚神秘思想的今文学家所包办，到王莽时比较富于历史态度而只以孔子为大师的古文学家才渐抬头。当时极力提倡古文的就是刘歆。

所谓今古文的"文"，是指记载经典所使用的文字。今文指的是汉代通行的隶书，古文则指秦始皇统一中国以前的古文字("蝌蚪文")，即大篆或籀书。可是，经过秦朝焚书的浩劫，儒家经典遭到毁灭性的破坏。西汉流行的儒学经典多无旧典文本，而是靠幸存的经师口授相传，由从习经的学生们记录下来。他们记录所用的文字便是西汉通行的隶书，属当时代的"今文"，故而这类经书被称之为"今文经"。

秦朝焚书之时，一些儒生冒死将一些儒学书籍藏在墙壁的夹层里。这些经书到了汉代陆续有所发现。汉武帝末年，鲁恭王拆孔子旧宅以广其宫室，在孔府旧宅的墙壁夹层中发现包括《尚书》在内的大批藏书。这些藏书都是用六国时代的蝌蚪文书写的，所以称为古文经。因为当时识先秦古文的人不多，所以这些古文典籍重新问世以后，主要藏于皇家图书室，并没有得到当时人的重视。

第一个为古文经呐喊的是刘歆。他在协助父亲刘向校书期间，发现了古文本的《春秋左氏传》。刘歆认为《左传》的价值远远超过今文经《公羊传》和《谷梁传》，因此他向朝廷建议将古文经正式列于学官，给予合法地位。但他的这一建议遭到今文经学博士的强烈反对，他们给刘歆扣上了"颠倒五经""变乱师法"的罪名。刘歆的建议最终未被采纳，他本人也离开了首都长安。但中国历史上延续了两千多年的经学今古文之争，则由此开始，刘歆也被称为古文经学的奠基人。

从表面来看，今古文之争主要表现在文字及对经义的理解、解释的不同上。一般来讲，解经时，今文学派注重阐述经文中的"微言大义"，而古文学派则注重文字训诂；今文学派竭力把经书和神学迷信相联系，特别在西汉，今文经学家为迎合统治者的喜好，解经时喜欢掺杂当时流行的谶纬迷信。他们把经学和阴阳五行相附会，把经书说得神乎其神。古文学派虽然还未能完全摆脱神学迷信的羁绊，但反对讲灾异谶纬，注重实学。

到东汉时立于学官的虽然仍只有今文，但从此以后经学就有今文与古文、神秘的与历史的，两个并行的潮流，并且古文的势力渐渐有压倒今文的趋势。

四　阴阳谶纬学

秦汉时代第三种宗教的潮流，并且是神秘成分最多，而同时对儒道两家都有极大影响的潮流，就是烦琐的阴阳谶纬学。此学有两个大题目。一个就是附会扩大《洪范》而产生的"五行灾异说"，一切非常甚至平常的事都用这个万能的学说解释。《洪范》原是商代贵族政权总结出来的统治经验。"洪"的意思是"大"，"范"的意思是"法"。"洪范"即统治大法。它的中心思想是，倡导一种基于上帝意志的神权政治论，强调按照神的旨意建立最高统治准则——"皇极"，以保障"天子作民父母，以为天下王"。认为龟筮可以决疑，政情可使天象变化，后成为汉代"天人感应"思想的理论基础。董仲舒、刘向等人均鼓吹阴阳五行、天人感应之说。

阴阳谶纬学的第二个大题目就是"五德终始说"。"五德终始说"是战国时的阴阳家邹衍所主张的历史观念。"五德"是指五行木、火、土、金、水所代表的五种德性。"终始"指"五德"的周而复始地循环运转。邹衍常以这个学说来为历史变迁、皇朝兴衰作解释。后来,皇朝的最高统治者常常自称"奉天承运皇帝",当中所谓"承运"就是意味着"五德终始说"的"德"运。

秦自认为水德,汉犹豫不定,开始定为土德,但直到西汉将亡时自己仍不能确知以往二百年到底由何德支配。汉室中兴,光武才最后决定汉为火德。五德终始的学说在王莽与东汉之际最为盛行。王莽要假借这种《推背图》式的预言学作为他篡汉的工具。汉朝是火德,他制造各种预言和祥瑞,使世人相信,火德销尽,土德当代。光武又用它作为汉室复兴的根据,告天祭神,以确定自己政权的合法性。

中兴居然成功之后,光武对谶纬更加崇信,平常极大方的皇帝对于怀疑谶纬的人也很不大方。当时的经学家桓谭上书反对谶纬,认为荒诞不经,光武帝很不高兴,说:"桓谭非圣无法,将下斩之!"谭叩头流血,才得以保命,后被贬官外放,病死于途中。

五　儒道阴阳糅合之国教

当时的国教,无所不包,任何的信仰、任何的神祇,皇帝都代表国家对它表示相当的敬意,因为皇帝现在于名实两方都是个天下的君主。这种包罗万象的宗教是陆续建设起来的,到西汉末东汉初可算达到最完备的程度。社稷山川都有神灵,且有一套完备的谱系,都要由皇帝主持祭拜。

在这个国教中,最隆重的典礼就是封禅。封禅,封为"祭天",禅为"祭地",即古代帝王在太平盛世或天降祥瑞之时的祭祀天地的大型典礼。战国时齐鲁有些儒士认为五岳中泰山为最高,帝王应到泰山祭祀。秦始皇、汉武帝等都曾举行过封禅大典。封禅活动实质上是强调君权神授的手段。

第二十三章　秦汉思想

一 思想之学术化

秦汉时代,除宗教的神秘主义外,并没有真正新的思想。一般所谓哲学作品,或是属于战国末年已经盛行的"备天地万物古今之事"的杂家,如《吕氏春秋》,东拉西扯地凑成篇幅;或是研究先秦诸子的哲学批评史,如《淮南子》。天下一统,政治社会问题算是解决了;同时哲学问题也可说解决了;没有人能再真正谈哲学,哲学问题就解决了。除笼罩全社会的宗教信仰外,所余的精神生活也不过是对于先代思想的一点无关紧要的、一知半解的学术研究。

二 儒道思想之结束

战国时代纵横交错的各种思潮,秦汉以后都汇合于儒道两大流。而汉盛时,董仲舒把传统的儒家思想综合整理,并尽量地吸收当代流行的阴阳五行学说,鼓吹"天人感应",认为自然、人事都受制于天命;同时淮南王的一群门客又编了一种道家读本,即《淮南子》。两人可说是古代儒道两大学派的殿军;到南北朝时佛教与中国文化的混合为一,思想界才又有新的发展。

三 古代思想之总结束——王充

董仲舒、淮南子如果是儒道两家的殿军,王充可说是给全部古代思想一个总清算的人。《论衡》对于古代思想的各方面都重新估价,最后的结论大半都是否定的。全部《论衡》中,尤其

《自纪》一篇中，充满了对于宇宙人生一切都看透的一种无可奈何的悲哀。书中说："孔子称命，孟子言天，吉凶安危，不在于人。"这是文化成熟甚至过度成熟的表现，是一般逃出神秘宗教笼罩的人的唯一精神归宿：上下四方古往今来的一切都叫他们深刻地感觉到渺小的人类不过是无情命运的玩物，所有人为的事物都无济于事。王充《论死篇》说，"人之死，犹火之灭也"，人死后，形体腐朽，精神也就不复存在了。人生没有不朽和永恒的东西。在这种空气中，无鬼论可说是最后、最大的价值的否定。生前不过如此，死后渺渺茫茫，这是两千年的文化事业所求得的最后结论！

四　古代文化之总清算

除评价之外，第二种结束文化事业的方法就是在人为的范畴以内给人类已往的言行写一笔总账。在人类的行为方面，司马迁写了一本包括已往一切立德立功的事业的文化史，即《太史公书》，希望藏之名山，副在京师，俟后世圣人君子。在人类的文字方面，刘向父子编了一部包括已往一切立言的作品的目录学提要，即《七略》。此书包含六艺略、诸子略、诗赋略、兵书略、术数略、方技略，再在前面加上一个总论性质的"辑略"，即成我国第一部分类目录《七略》。其目的是"辨章学术，考镜源流"。这可说是一种肯定的工作，承认文化事业最少在人为的范畴之内有它不朽的价值。

第二十四章　大汉帝国之末运

(89—316 年)

一　政治制度之破裂——外戚与宦官

和帝以后百年间是汉室渐趋灭亡的时期，同时也是古代中国大崩溃的开始。外戚与宦官是帝制的两种不可避免的弱点。作为皇权制度的寄生虫，皇权越集中，他们的权势也就越大。随着东汉以来皇权的膨胀和专制政治体制的加强，外戚和宦官的势力也开始狐假虎威，在绝对皇权的庇护下作威作福，甚至达到了操纵皇帝、肆行废立的地步。

中兴之初，虽然极力防范，但到章帝时外戚又渐渐抬头，窦宪是章帝的皇后之兄，在章帝在位之时就已经位高权重，他甚至骄横到用低价强买沁水公主的园田，而公主却畏惮窦宪的权势而不敢吭声。窦宪的气焰，可见一斑。章帝死后，和帝即位，太后临朝，窦宪更加嚣张。窦宪的党羽，遍布朝野，他的奴客甚至杀人越货、横行京师。和帝有心除掉窦宪，苦于身边大臣皆为窦宪党羽而只得依靠宦官。永元四年(92 年)，宦官郑众受命指挥自己的亲信禁军除掉了窦宪。郑众因功封侯，并参预政事，这是宦官专理朝政和封侯的开始。

和帝以下政治就又为外戚操纵。历代外戚都故意立幼主，甚至立仍在襁褓中的婴儿，以便国舅假借青年太后的名义把持一切。汉顺帝死后，梁太后及其兄梁冀先后选立两岁的汉冲帝，八岁的汉质帝，十五岁的汉桓帝。梁冀把持朝政近二十年，年幼的汉质帝虽为儿童，亦对梁冀的行为有所不满，称之为"跋扈将军"，梁冀知道后竟将质帝毒害。当时百官迁召，都要到梁冀门下谢恩，然后才能到相关机构报到。若官员不顺从梁冀的各种勒索，往往被之杀害。梁冀当权期间，一门之中，有七人封侯，三人为皇后,六人为贵人,两人任大将军,女子食邑称君者七人,与公主结婚者三人,其余任卿、将、尹、校者五十七人。

皇帝成年之后,往往认为只有宦官能铲除跋扈的外戚;但宦官弄权,国事更无办法。宦官和外戚本是一丘之貉,外戚飞扬跋扈,宦官也同样的横行不法,宦官们可以当官,可以封侯,甚至可以养子袭爵,曹操的父亲曹嵩便是宦官曹腾的养子。汉桓帝时,单超等五位宦官因诛杀梁冀而封侯,世称"五侯"。"五侯"们的生活完全仿照宫中制度,他们的兄弟亲戚勒索州郡,残害百姓,与盗贼无异。

和帝以下百年间的政治史就是外戚与宦官的轮流捣乱史,在这种情形下,一切法定的政治制度都不能维持,政治又返回到原始时代的野蛮斗杀。

二 政治制度之破裂——国军消灭与地方割据

光武帝废郡国军,只留中央军与重要边地的驻屯军。这并不见得是中央集权的政策:一般人早就不要当兵,与其继续维持有名无实的地方军,还不如直接废除为便。但人民既然不愿当兵,中央军也是同样的难以维持;所以到后来只有边疆归化的羌胡兵还勉强可用,甚至大家认为这是当然的事,丝毫不以为怪。并且不只衰乱的末世如此,东汉强盛时最值得纪念的武功胜利,实际亦大半是外族兵的功劳。

窦宪出击北匈奴之时,就曾利用南匈奴和羌胡的军队配合作战,史载窦宪出兵时率"南单于、东乌桓、西戎氏羌侯王君长之群,骁骑三万"(《后汉书·窦宪传》)。东汉末年及三国时期,各军阀利用鲜卑、乌桓、羌族"以胡治胡"和打击敌人更是常态。如军阀韩遂就利用羌族武装进攻州郡，而当时防守韩遂的将领曾建议利用乌桓和鲜卑的力量进行对抗。

郡国军虽然废除，维持各地的治安仍需武力。所以州牧太守一定都要招募士兵。但这是地方官的私军，不属于国家，也不为国家所用。在东汉，各州郡都有独霸一方的豪强地主，这些豪强在他们的庄园中都拥有自己的武装。地主的田庄相对独立，因此往往成为内聚力很强的社会群体，他们拥有的武装实力足可以与政府军对抗。东汉末年，有的豪族武装甚至拒绝地方官入境。

中央军消灭，宦官外戚交互捣乱，天下骚动，拥有私军的地方官尾大不掉，因而形成割据的局面。黄巾军起义后，很多军阀都是依靠地主豪强的武装而割据城池，或者由一个比较有威望的大豪强聚集其他拥有宾客部曲的豪强形成自己的势力。

三　政治制度之破裂
——财政与一般政治之紊乱

天下骚动的时代，财政一定混乱不堪，吏治也必因而破坏，甚至由正路做官几乎成为不可能的事。安帝永初三年（109 年），天下大旱，财政危机开始显现。汉桓帝时期，蝗灾和洪水又席卷大半州郡，同时不断兴起的各族人民反抗起义又耗费了朝廷大量的财力。在东汉王朝这种风雨飘摇的情况下，统治者想的不是稳定局面，而是继续他们的腐朽生活和黑暗统治。汉灵帝后宫彩女千余人，衣食之费，日数千金。为了满足宫廷需要，灵帝公开卖官鬻爵，设专门机构——西邸，以按所售官职的级别收费。公卿这样的高位也是可以卖的，如公一千万钱，卿五百万钱。汉灵帝甚至还向周围的人抱怨当初有些官职要价过低。在这种情况下,东汉的吏治腐败就可想而知了。为了捞回自己买官时的花费,官员贪赃已是常事,地方官除了苛捐杂税外,更为了报功而虚报赋税和人口,多出的这些税,自然要由百姓来负担。汉安帝时期在这种种积因的推动之下,皇帝即或英明,也不见得能挽回颓局。当时偏逢一些低能儿的皇帝,天下大势于是一去不可收拾。

四　天灾人祸与人口之减少

除人为的各种祸难之外,此时天灾也似乎特别流行。举一年为例,天灾人祸的纷至沓来已很可惊,仅安帝一朝十九年中,水灾即达十一次,旱灾七次,蝗灾七次,受灾范围遍及中华大地。当时,"青、冀之域,淫雨漏河;徐、岱之滨,海水盆溢;兖、豫蝗蟓滋生"(《后汉书·陈忠传》),盗贼遍地,天下成了盗匪的世界。纲纪败坏,国家即或要尽一点救济贫弱的责任,也十分困难。

永初二年(108年),"剧贼"毕豪率部入平原界,于厌次河战败平原县兵,捉县令刘雄,为东郡太守镇压。永初三年(109年)七月,"海贼"张伯路自称将军,率义军三千余人活动于山东沿海九郡之地,杀两千石、令、长。次年,张伯路与渤海平原诸地义军刘文河、周文光部会合,攻厌次,杀长吏,转入高唐。御史中丞王宗持节调发幽、蓟诸郡兵数万人,与青州刺史法雄共同镇压义军。建康元年(144年)十一月,徐凤、马勉在九江起义,称"无上将军",攻烧城邑。次年正月,杀曲阳、东城长。三月,马勉在九江以黄色为服色,称"黄帝","建年号,置百官"。历阳义军华孟自称"黑帝",攻九江,杀郡守杨岑,遭到九江都尉滕抚的镇压。

关于当时的人口,虽然没有可靠的统计,但经过长期浩劫之后,所谓"百里无人烟"已成为很平常的现象。

五　乱亡经过——羌乱

庞大的帝国,乱亡的因缘虽都成熟,必须经过多次重大的打击才能完全崩溃。第一个打击就是西羌的变乱。周边少数民族的反抗斗争此起彼伏、持续不断,其中规模最大、持续时间最久、对东汉帝国统治打击最大的是西羌起义。羌本是弱小的民族,在西汉时并不能对国家安全构成威胁;中兴以后,政治渐趋破裂,社会日愈散漫,兵制等于消灭,所以连对付弱小的羌也毫无办法。

"时诸降羌布在郡县, 皆为吏人豪右所徭役, 积以愁怨。"(《后汉书·西羌传》) 官吏强征兵徭, 更为暴虐。永初元年(107年)夏,骑都尉王弘强征金城、陇西、汉阳三郡羌人数百千骑出征西域,群羌害怕远屯不还,行到酒泉,多有散叛。各郡发兵堵击,并捣毁沿途羌人庐落,激起羌人相聚反抗。由于武器缺乏,这些羌人拿起竹竿木棍、门板、铜镜等作为武器,屡败官军。武都、北地、上郡、西河等地羌人都起而响应,"众遂大盛"。他们"东犯赵、魏,南入益州,杀汉中太守董炳,遂寇钞三辅,断陇道"(《后汉书·西羌传》),多次击败进剿的官军。长期的羌乱把当时(也可说把后世历代)中国的弱点暴露无遗。

六　乱亡经过——党锢黄巾与十常侍

羌乱未平,党祸又起。经过武帝以下的提倡,经过中兴之后的"表彰气节",儒教可说完全成熟,儒士成为一个特殊的团体,团体中的舆论称为"清议",势力甚大。汉末百年间外戚宦官交互弄权,外戚既为士人出身,很自然地就联络清议以排斥宦官,因而引起党锢之祸。

太学生和反宦官的官吏以帝国纲常的卫道者自居,以清流自命。他们把宦官和依附宦官集团的人物视为浊流,对宦官进行猛烈的攻击。他们攻击宦官的手段是向皇帝上书,揭露宦官擅权的腐朽与罪恶。太学生的议政活动和正直官吏剪除宦官的斗争此呼彼应,使作恶多端的宦官集团恨入骨髓,必欲除之而后快。桓帝延熹九年(166年)和汉灵帝建宁二年(169年),宦官集团唆使皇帝掀起两次"党锢之祸",疯狂地迫害反对宦官的官员,这些被告皆"下狱,死者百余人,妻子徙边,诸附从者锢及五属"。统治阶级大肆株连:"制诏州郡大举钩党,于是天下豪杰及儒学行义者,一切结为党人。"(《后汉书·党锢传》)当权的宦官集团对于这种疯狂的迫害还不准申诉辩理。熹平五年(176年),"永昌太守曹鸾坐讼党人,弃市。诏党人门生故吏父兄子弟在位者,皆免官禁锢"(《后汉书·灵帝纪》)。"党祸"株连之广,简直前无古人!

政治日非,民不聊生,黄巾之乱又起。这是中国历史上第一次秘密结社以宗教名义为号召的民众暴动,从此之后就成为定例。散漫的人心似乎只有对于宗教式的秘密团体还能忠心拥护。这种团体大概平时潜伏,可惜无从研究;到政治腐败民不堪命时,往往是由这种秘密会社首先起事。

黄巾起义的主导力量是太平道。巨鹿(今河北省邢台市平乡县)人张角、张梁、张宝兄弟三人通过治病救人等手段传布太平道,其信徒高达数十万人,遍及青、徐、幽、冀、荆、扬、兖、豫八大州,几乎占了当时全国的四分之三。许多人为了投奔张角,不惜变卖家产,千里迢迢,争先恐后,沿途挤得水泄不通,据说半途被踩死者就有万多人。张角积极部署大起义的准备,后因机谋泄露,不得不提前起义。黄巾起义声势浩大,朝廷军队一度无可抵御,只得放开权柄,命令地方州牧自行筹备军队镇压黄巾军,地方豪强也以镇压黄巾为借口扩充力量,在各地军队的血腥镇压下,同时也因为黄巾军的战略失误,在几个月之后,起义最终失败。

黄巾军方平,十常侍之乱又起。这是百年来外戚宦官的末次争斗,也是宦官祸国的最烈一幕。汉灵帝时的宦官集团,人称"十常侍",其首领是张让和赵忠。他们玩小皇帝于股掌之上,以致灵帝称"张常侍是我父,赵常侍是我母"。大将军何进是皇后之兄,灵帝驾崩后,"十常侍"之一的蹇硕预谋诛杀何进而立皇子刘协,未果,反被何进所诛。不过何进过于轻敌,低估了宦官集团的力量。由于准备不足,事泄后被张让等先下手为强,遭杀身之祸。何进死后,京师大乱,袁绍立刻率兵攻进皇宫诛杀宦官,在杀宦官的过程中,以全十没有胡子的人也被误认为是宦官而遭诛杀。宦官被杀戮殆尽后,董卓又借口平乱而进驻京师,后恃强控制朝政,杀何太后及其母舞阳君,何氏家族灭亡,东汉最后一个外戚专权势力被铲除。乱平之后,宦官外戚一并败亡,汉室也只遗空名。

七 乱亡经过——董卓与李郭之乱

外戚宦官两败之后,汉室也就名存实亡。一百年来这两种人固然祸国,但从另一方面也可说汉室曾由他们维持。外戚宦官就是国家;他们一旦被消灭,国家也就失了依据,地方握有重兵而能控制皇帝为傀儡的人现在就是实际的统治者。最早利用这种机会的人就是董卓与他的部下李傕、郭汜。

董卓入京后，废黜刘辩，另立灵帝九岁的庶子刘协为帝（汉献帝），而独揽朝政大权。董卓擅兴废立和专制朝政，激起关东地方势力的强烈不满。关东的州郡牧守推举袁绍为盟主，组成讨伐董卓的联军。董卓为避关东兵锋，乃迁都长安。他纵兵掠抢，焚毁洛阳及周围二百里的宫室、民居，驱逼洛阳百姓数百万口西去。董卓一走，关东联军则作鸟兽散。初平三年（192年）长安发生政变，董卓被部下吕布杀死，后来，他的部将李傕攻入长安，掌握朝政，又引起郭汜不满而相互攻杀。东汉朝廷名存实亡，皇帝和公卿如丧家之犬，在流亡中辗转返回洛阳。各地拥有私军的州牧太守至此也不再客气，各占地盘。至建安元年（196年）汉献帝辗转返回洛阳时，割据局面已经形成：袁绍占据冀、青、并三州；曹操占据兖、豫二州；公孙瓒占据幽州；陶谦占据徐州；袁术占据扬州；刘表占据荆州；刘焉占据益州；孙策占据江东；韩遂、马腾占据凉州；公孙度占据辽东；而刘备立足未稳，依附于各割据势力之间。长期的割据大乱由此开始。社会又渐渐返回到野蛮时代，人命成了一种最不值钱的物件。

八 乱亡经过——曹操与三国

自董卓以下，中央成为大军阀的傀儡。地方则由大小的军阀割据。董卓没有远大的计划，失败之后，曹操取代他的地位。

曹操（155—220年），字孟德，沛国谯县（今安徽亳州人）。其父曹嵩是大宦官曹腾的养子,官至太尉。曹操少机警,有权术,20岁时举孝廉为郎。灵帝中平五年(188年)组建西园新军,他任典军校尉。董卓专权后,曹操到陈留聚兵五千人,参加讨董联军。初平三年(192年),青州黄巾军攻杀兖州刺史,曹操入据兖州,击败黄巾军,收降卒三十余万,男女百余万口。他改编其中精锐者,号称"青州兵",从此势力大振。后曹操迎汉献帝入许昌,取得了"挟天子以令诸侯"的政治优势。当曹操大体上平定黄河以南时,袁绍也平定了黄河以北。建安五年(200年),双方决战于官渡(今河南中平境内)。曹军在官渡以少胜多,歼灭袁军主力,取得了统一北方的决定性胜利。官渡战后,袁绍病死,其子袁谭、袁尚自相攻击,曹操乘机挥师北上,消灭了袁氏残余势力。此后,曹操集团成了当时势力最大、军事实力最强,同时拥有着很大政治号召力的割据势力。

割据的局面渐渐分明,形成鼎足之势,赤壁之战可说是决定三国局势的战争。曹操平定北方后,欲借胜利之余威扫荡南方,攻灭荆州、江东以统一天下。不过志得意满的曹操由于轻敌和出兵过于迅速而没有考虑到其他的复杂因素,终于被一心抗曹的孙权和刘备在赤壁击败。曹操退回北方后,刘备以荆州地区为根据地,又占领了益州、汉中等地,巩固了自己的势力。三国鼎立局面实际形成。后来曹丕篡汉,吴、蜀称尊,不过是正式宣布一件既成事实。

此后五六十年间,天下处在不断的战乱中。在这种混战中,挟持天子的曹氏实力最为雄厚,所以最后仍是魏与它的继承者晋占了胜利。长期大乱之后,社会生活又返回到原始的状态,交易方面甚至又退化到以货易货的地步。

九 乱亡经过——西晋与中原之沦丧

经过汉末的大乱与三国的扰攘之后,天下一并于晋,大局似乎又安定下来。但这只是片时的安定,不过是大崩溃前的回光返照。自殷商以下两千年来建功立业的华夏民族至此已颓废堕落到可惊的程度,无人再能真正振作,大家好似不约而同地走向自杀之路。政治腐败,目的不在治民而在吃民,贿赂公行,钱能通神。

晋武帝是开国之君,却是平庸之主,无经国远图,宽纵大臣,信用佞臣。朝中权贵结党营私,政出多门。他贪婪成性,公然卖官鬻爵,以为私财。自灭吴之后,更加志得意满,以为江山一统,天下太平,"骄奢之心,因斯而起"(《晋书·八王传序》)。他的后宫原有宫女五千,又选取吴宫女五千,终日耽于嬉戏。君主如此,臣僚更甚。西晋权贵大多是曹魏权贵的子孙,生于富贵,安于逸乐,以奢靡相高,纵情于声色。为维持奢侈的生活方式,他们千方百计地聚敛财富,广占园田土地,收受贿赂。如鬲令袁毅行贿遍朝中,以求升迁。当时求官买职成风,王沈在《释时论》中说:"京邑翼翼,群士千亿,奔走势门,求官买职。"(《晋书·文苑·王沈传》)连荆州都督杜预也不得不给朝中权贵送礼以求平安。更有甚者,石崇在荆州任上竟然派人抢劫过往的使者、客商。对此,时人鲁褒讽刺说:"凡今之人,唯钱而已。"(《晋书·隐逸·鲁褒传》)西晋统治集团腐败到这个地步,它的灭亡已经不远。

大乱之后政治破裂,豪右遂得操纵地方。这最少是晋又行"封建"制的一个原因。但封建并不足以挽回颓局,反而促进崩乱的来临。地方都督,都是由皇帝任命的。建立都督制的目的也是为了巩固皇权捍卫统一。但都督坐镇一方，手握一方军政大权，可以成为维护皇权的力量，也可以成为地方割据的势力。晋因惩魏氏孤立之弊而建立的宗室诸侯王的特权，由于缺乏必要的法度和统治集团内部矛盾的发展，宗室诸侯王恰好成为分割皇权的势力。

社会的委靡与政治的腐败同时并进。有能力的人都采取及时行乐主义而癫狂般地享用。内部腐化破裂到不可收拾的时候，杂居中国边地甚至内地的夷狄就乘机喧宾夺主，人民的颠沛流离达到一个难以想象的地步。汉末以下的扰乱至此可说收到了最后的恶果。永兴元年(304年)，匈奴族首领刘渊在离石(今属山西)起兵反晋，自称匈奴大单于，后建国号汉，改称汉王。刘渊子刘聪继立，派兵消灭西晋。其后，匈奴、羯、氐、羌、鲜卑等各族纷纷在北方建立政权，各政权之间此起彼伏、互相攻杀，昔日中原胜地，沦为炼狱，百姓或被杀，或携家带口、流离失所，在流亡的道路上，尸骨成堆、哀号满路。这就是所谓的"五胡乱华"和"永嘉之乱"。

最可怜的就是少数的明眼人，在晋武帝的盛期他们已知自己是处在衰乱的末世。但他们的大声疾呼并没有发生效力。一般的人似乎都抱着一种"日暮途远倒行逆施"的宗旨度日；人心既死，一切在理论上可行的办法都无济于事。

第二十五章　末世之宗教与人生观

一 儒教之凝结与衰颓

儒教到东汉晚期已发展到尽头,内部开始凝结。六经刻石,经文由此固定。马融、郑玄注经,兼采今古文,由此宗教派别式的经传学说也趋于固定。东汉"表彰气节",太学大盛,儒生也居然结合成了一种势力遍天下的团体,但党锢之祸由此发生,儒生大受摧残。汉末大乱,经典焚毁殆尽。人书两丧,儒教由此消沉。

随着经学走到穷途末路,一些士大夫开始转而从道、名、法诸家学说中去发掘有用的思想资料,思想界非常活跃,动摇了儒家独尊的地位。到三国时,国家甚至公然提倡一种非伦理的人才主义,这与儒教的精神完全相反。

在西晋的粉饰太平之下,儒教又暂时受了口头的尊仰;但风靡一世的颓废主义使枯燥乏趣的儒教无法继续维持。于是主张"以无为本"的玄学开始兴起。玄学发展到西晋,已经成为一种时髦的谈资。许多士族中人其实不懂玄学为何物,不过手执麈尾,口中雌黄,附庸风雅而已。

傅玄是最后诚心提倡儒教的人。此后五百年间学术思想方面的人才都在儒教范围之外。大多数所谓文人学士的心灵完全枯竭,几个世纪间只作出些无病呻吟的造句文字。

二 清谈与隐逸

参透宇宙人生一切因而产生的悲观主义于战国时代已经萌芽;到王充而大盛,不过仍含有一点悲壮慷慨的成分;到魏晋以下就笼罩了精神界,并且全成了放荡颓废的消极主义。这是一个文化由成熟以致衰老所必经的过程。过度庄重的儒教式微，极端任性的清谈大盛。一般文人以老、庄为借口而尽量发挥道家思想中的颓废倾向。庄子的书尤为时髦，甚至有人窃取别人的庄子疏注以出风头。同时这些人在著作与行为方面也极力地宣扬实行他们的主义。

这些人"妙善玄言，唯谈《老》《庄》为事，每捉玉柄麈尾，与手同色。义理有所不安，随即改更，世号'口中雌黄'。……屡居显职，后进之士，景慕仿效。选举登朝，皆以为称首。矜高浮诞，遂成风俗焉"（《晋书·王戎传从弟衍附传》）。其卑下者，更以无耻为放达，以肉麻为有趣，乃至脱衣服，露丑恶，偷酒喝，挑逗女人，行同禽兽。无怪乎在西晋灭亡后，人们谴责玄学清谈误国！

但有少数的人，虽不能脱离时代精神的影响，却也不甘于自暴自弃，陶渊明就是一个这样自爱的人，言行一致地服膺一种超脱人世的隐逸主义。陶渊明一反玄言诗风，经常以田园生活为题材，风格清新平淡，语言质朴自然。东晋时代那些表述老庄哲理的玄言诗，虽然已几乎失去了文学趣味，也已不成其为诗了，然而，东晋的玄言诗中却酝酿着一种新的重要的东西，这就是山水诗的萌芽。陶渊明的田园诗，开创了新的审美领域和新的艺术境界。虽然一般玄言诗人都注意到从审察自然来体会哲理，并由此产生了山水诗的萌芽，但没有人把目光投向平凡无奇的乡村。只有在陶渊明的笔下，农村生活、田园风光才第一次被当作重要的审美对象，由此为后人开辟了一片情味独特的天地。

陶渊明对后世影响最大的是"真"与"自然"。这两点从某种意义上讲也是魏晋风流名士们所汲汲追求的，但是他们都没有做到。提出"越名教而任自然"的嵇康没做到，阮籍没做到，此后会稽名士、中朝名士都没有做到。也许是当时社会历史条件的限制，又或者他们对"真"与"自然"的理解不同。他们走向的只是反面，即"佯"与"狂"。陶渊明不像他们那样放诞和极端，他虽有孤傲的性情，但更多一分理性的节制。钟惺、谭元春则说陶渊明"竟是一小心翼翼、温慎忧勤之人。东晋放达，少此一段原委。公实补之"。

基于以上论述，我们便可以回答另一个问题，即《世说新语》何以不收陶渊明？原因就在于陶渊明的表现与魏晋风流是有所背离的。可以说，陶渊明之所以伟大，并不在当时，而在于后人对他的发现与解读。

三 道 教

在几百年来神秘空气的熏陶之下，道家所宗的老子到汉末也成了神。同时在民间，于儒士团结最盛时，神仙黄老派也组成秘密团体，如黄巾起义失败后，太平道被禁止。张鲁投降曹操，五斗米道继续流传，因而奠定了后世道教会的基础。修仙、炼丹、治鬼、符箓等的道教信仰与法术也渐渐都发展成熟。两晋之际，葛洪对道教实行改造，提出以道为本，以儒为末，道儒结合；宣扬服食炼丹、延年益寿之术，迎合大族官僚的需要。从此，道教完全变成统治阶级的宗教，皇室、门阀士族中出现了许多道教信徒。

四 佛教之输入

在文人消极颓废与民众迷信法术的环境之下，最利于神秘宗教的产生或输入。儒学的式微和玄学的兴起，使佛教乘虚而入，借助玄学去推行佛法；而玄学家也对佛教的"空""无"哲学发生兴趣,从中吸取营养。佛教关于"来世"的许诺,更容易使在长期动乱中饱受苦难折磨的人们产生出幻觉而皈依到佛门之下。自东晋十六国以后历代君主的提倡,则进一步推动了佛教的发展。

佛教何时输入虽不可知,但最晚到东汉初期已有人信仰,到汉末无论宫中与民间都很欢迎这个新的宗教。但起初的信徒并没有深刻的认识,浮屠也不过是一种新的神祇而已,直到三国时代仍有此种情形。当初国家不准汉人出家,到五胡乱华时人民才有为僧尼的完全自由;风气所趋,许多动机不纯的人也都出家。"看破红尘"的现象日渐加盛,摒弃财色隐遁修行的神秘过程中的种种特殊心理表现也发生于向来实事求是的汉族中。在四民之外,无形中产生一个打破家族的出家阶级,相率以"释"字为标志,甚至有超脱国家管束的趋向。

面对佛教兴起带来的统治危机,许多统治者对佛教利用的同时,也不时地对发展过盛的佛教进行抑制。北魏太武帝镇压盖吴起义时,发现长安佛寺中私藏武器,遂禁断佛教,坑杀僧人。北周武帝出于经济上的原因,也采取灭佛措施,勒令僧尼还俗。

而此时佛教的内容也渐渐充实,不只是作为一种神祇。有人往西域留学求经,认真研究。到东晋时代,译经日多,以至需要整理篇目。翻译之外,汉人也从事著作,最早的一种重要作品就是无名氏摹仿道家圣经的《老子》所撰的《四十二章经》。这可说是一本佛法入门的宣传品。

第二十六章　五胡乱华

(317—383 年)

一　背　景

土著开化的富裕地带对于游牧民族有不可抵御的诱惑。除非土著人民有能力把他们完全歼灭或驱逐到绝远的地方，这些逐水草而居的人终究要冲破文明区域的壁垒。中国北边及西北的民族，只有北匈奴曾被驱逐远窜，但一大半是靠南匈奴与西北羌胡的助力。至于任何异族的完全歼灭，在漫无涯际的沙漠旷野中全谈不到。中国因此感到只有容他们进到边地居住，给他们一种享受文明社会生活的机会，才能满足他们的欲望，减少他们不断扰边的麻烦。同时中国自己也相信夷狄移近内地易于监视控制。所以两汉魏晋数百年来中国就一贯地实行这种双方尚可满意的政策。这是中国对于外族不能捕灭、不能逐远，最多只能战胜，而往往被战败的局面之下不可避免的政策。

但中国既把夷狄迁近内地，却无通盘的计划，一任地方官摆布。地方官对他们不知牢笼，往往欺压掳掠，不只时常引起叛乱，并且使他们对中国发生恶感，时刻怨恨，因而阻止了他们华化的趋向。数十年以至数百年与中国人杂处而不同化，这是后代所绝无的例子。夷狄中最著名的被中国人欺侮的例子恐怕就是石勒。

石勒是上党武乡（今山西榆社北）人，其祖父和父亲当过部落小帅，但社会地位并不高。石勒从小在家务农，因家境贫寒，没有机会读书，目不识丁，14岁便出外谋生，曾随同族人在洛阳当小商贩，后来又当过雇工。石勒在当小贩时异常贫苦，甚至为争一块麻地与邻居李阳数次殴斗。其后并州刺史东瀛公马腾，令将军郭阳、张隆等，虏捉诸胡，两人共锁于一枷，驱向山东(太行山以东一带)出卖。二十多岁的石勒,也在被掠卖者之中。到山东后,石勒被卖与茌平(山东茌平县)人师懽家为奴。石勒的青少年时代,就是在不断被汉人豪强驱赶、贩卖中度过的。

除以上种种因缘之外,东汉建都洛阳的失策也与五胡乱华有关系。若都长安,西北或者不致大半成为羌胡的居地;由长安方面看,并州,最少并州南部,是后方内地,或者也不致由匈奴任意蔓延占据。所以建都洛阳无论本意如何,结果等于向夷狄表示退缩,把西北与正北的国防要地拱手让人。明朝永乐皇帝为防备蒙古南侵,将国都迁到离蒙古人比较近的北京,就是出于此种考虑。建都长安不见得能永久防止胡人内侵,但建都洛阳的确给外族一个内侵的莫大便利。刘渊起事是中原正式沦丧的开始,但实际上中原的一部分,并且是国防上最重要的部分,早已成了胡人的势力。

上列种种原因虽很重要,但可说都是可轻可重的外因。根本讲来,五胡乱华还是由于政治瓦解、民气消沉的严重内因。

二 中原沦丧

由刘渊起事到元魏统一中原,中国经过一百三十六年的大乱,就是所谓五胡十六国的时代,最早发动的就是自汉宣帝以下蔓延内地的并州匈奴。所谓大晋一统的虚伪局面被立刻揭开,真正抵抗的能力全告缺乏。

怀帝永嘉三年(309年),刘渊派儿子刘聪两次进攻洛阳。永嘉四年(310年),刘渊死,刘聪继位。这时洛阳周围地区或遭破坏,或为刘聪、石勒占领,洛阳饥困日甚。掌权的东海王越,眼看洛阳难守,遂以出讨石勒为名,率领仅有的一些军队和满朝文武公卿离开洛阳,东屯项。永嘉五年(311年)三月,司马越病死。石勒率骑追司马越军,在苦县宁平城(今安徽鹿南郸城东)大败晋兵,"从骑围而射之,将士十余万人相践如山,无一人得免者"(《资治通鉴》卷八七晋怀帝永嘉五年)。同年五月,刘聪攻陷洛阳,晋王公百官及百姓死者三万多人。怀帝被掳到平阳。

但这些外族大半都受过中国文化的影响,占领中原之后就极力汉化,甚至忌讳"胡"字。后赵王朝的建立者石勒,本是入塞的羯族人。他在襄国(今河北邢台)登基做皇帝后,对自己国家的人称呼羯族人为胡人大为恼火。石勒制定了一条法令:无论说话写文章,一律严禁出现"胡"字,违者问斩不赦。可见此前中国对他们的虐待是防止他们汉化的最大原因。但"非我族类",种族间的冲突难免。外族多年的怨气至此方得任意发泄。胡人对汉人往往故意侮辱或大规模的屠杀,汉人只好忍受。史书记载羯族军队行军作战从不携带粮草,而是掳掠汉族女子作为军粮,羯族称之为"双脚羊",意思是用两只脚走路像绵羊一样驱赶的奴隶和牲畜。

但胡人最少有一次得了临时报复的机会。公元349年,羯赵皇帝石虎死后,其子十余人互相残杀。公元350年正月,冉闵杀死羯赵皇帝石鉴,同时杀死石虎的三十八个孙子,尽灭石氏。其后冉闵即皇帝位,年号永兴,国号魏,史称冉魏。冉闵建魏后,便颁下《杀胡令》:"凡内外六夷胡人,敢持兵仗者斩,汉人斩一胡人首级送凤阳门者,文官进位三等,武职悉拜东门。"冉闵亲自带兵击杀邺城周围的胡人,三日内斩首二十余万,尸横遍野,同时冉闵还扬言要六胡退出中原,"各还本土",否则就将其统统杀绝。

三　汉族南迁

五胡乱华时的丧乱情形恐怕是前此内乱时所未有。许多地方的人(除一部分绝对运命论的信徒)都觉得不能再继续支持，只有另寻乐土。巧逢晋室有人见到这一层，在江东已立了新的根据地，于是中原的人士就大批地渡江避乱。

当时，琅琊王司马睿为镇东大将军，都督扬、江、湘、交、广五州诸军事，驻建邺(因避愍帝司马邺讳，改称建康，今江苏南京)。因为江南比较稳定，当权的官僚们极力设法把自己的子弟、亲属安插到江南任地方官吏，以为将来自保之地。如宰相王衍就任命其弟王澄为荆州刺史，族弟王敦为扬州刺史。在永嘉南渡时，北方的许多士族、大地主携眷南逃，随同南逃的还有他们的宗族、部曲、宾客等，同乡同里的人也往往随着大户南逃。随从一户大地主南逃的往往有千余家，人口达到数万之多。有的逃到广陵(今江苏扬州)，有的逃到京口(今镇江)以南。(《晋书·王导传》曰："洛阳倾覆，中州士女避乱江左者十六七。")

当时流亡的情景，我们只能想象，不能详知。但由丧礼的成为问题就可知骨肉离散是如何的普遍。

方才过江的时候，一般的人还以为这不过是暂时的避难，并不是长久的迁移，但不久都渐渐觉得中原的故乡永无归还的希望。敌国外患似乎不是兴国的绝对良药，南渡之后政治的腐败、人心的麻木仍与先前一样。东晋孝武帝和司马道子，一君一相，耽于享受，官以贿迁。道子又好做长夜之宴，政事多阙。腐败的政治，加深了人民的痛苦。当时有人就曾上疏，指出："时谷贱人饥，流殍不绝，由百姓单贫，役调深刻。"(《晋书·简文三子·会稽王道子传》)

四　南北分局

汉人渡江是出于不得已，野心较大的人总希望不久能恢复中原。东晋初年，在门阀士族忙于建立江南小朝廷的时候，著名将领祖逖毅然率军北伐。他率领旧部数百人过江。他中流击楫而誓说："祖逖不能清中原而复济者，有如大江！"其辞色壮烈，众皆慨叹。

同时统治集团内的人实际上没有真正收复失地的能力，即或收复也没有继续保持的把握，并且一般的人也没有再回中原的意志。正当祖逖抓紧练兵，准备进军河北时，朝廷反而派戴渊为都督指挥祖逖，并扼制祖逖后路。祖逖眼见北伐功亏一篑，忧愤成疾，病死军中。

同时北方外族中的野心家却希望能克服长江的天险而吞并整个中国，但这也是时势所不许。从太元三年(378年)起，前秦开始发动对东晋的进攻，占领了梁、益二州。尽管当时前秦国内民族矛盾仍然很严重，但苻坚企图一举统一全国。苻坚自认为兵强马壮，企图"投鞭断流"。不过，他没有充分估计到前秦内部尖锐的民族矛盾和东晋的军事实力，结果在淝水之战后换得个"风声鹤唳"的下场。苻坚退回北方后，北方重新分裂。

自此，南北分立的局面渐渐确定，在很长时段内无从打破。

江南虽未受胡蹄践踏，但两千年来以中原为政治文化重心的古典中国至此已成过去。然而在此后二百年间的南北分裂、胡华对立、梵汉合流的黑暗中，却孕育着一个新的中国。

第二十七章　南北朝

(383—589 年)

一 南北互诋

南北并立的二百余年间，双方都以正统自居。北朝的根据是地理的线索，认为中原旧地足以代表中国文化的正统，所以就呼南朝为岛夷。南朝的根据是历史的与种族的线索，认为自己是纯粹的汉人与汉人的正统政府，所以就呼北朝为索虏。

二 南 朝

南朝篡乱相继，二百年间政治始终未上轨道，政治社会一般的情形也非常混乱。东晋将领刘裕灭亡东晋建立刘宋，刘裕、刘义隆在位期间，刘宋尚有生气，不过刘宋末期，皇室兄弟间相互残杀，政治一度混乱。在此期间，南兖州刺史萧道成趁乱灭宋，建立齐。南齐的命运与刘宋相若，开国之主尚能控制局面，此后南齐皇室间的相互残杀更甚于宋末。永元三年(501年)，宗室雍州刺史萧衍自襄阳起兵攻占建康，次年称帝，建立梁朝。梁武帝萧衍在位四十八年，他统治的晚期迷信佛教，大兴寺庙，甚至以皇帝之身出家为僧，而让大臣们花巨资赎他还俗。糊涂的萧衍妄想北朝叛将侯景能够助他北伐中原，结果反被侯景乘机围困于台城被活活饿死。待到陈霸先建立陈朝，南朝与北朝的差距进一步拉大，陈朝的疆域是南朝中最小的。

当时，只有商业似乎还有相当的发展。南方商业发展的一个重要表现，是非官方的草市的出现。当时，建康城除了城内官立的大市、北市、东市、宫市等以外，沿着秦淮河东北岸一线，又有备置官市征税的大市及十余所小市。这些小市也就是草市，是一种因商业发展而自然兴起的交易市场。随着商业的发展，长途贩运趋于活跃。江南江河纵横，水运也随之发达。

但南朝有它历史上的作为，就是将长江流域完全汉化。南迁侨人中的士大夫，代表一种特殊的势力，可说是南方的征服者，正如胡人是中原的征服者一样。南土虽从春秋时代以后就开始与中国同化，但这种同化的过程直到魏晋时代仍未完成。历代中原移殖的人与南土汉化的人虽已占多数，生熟的蛮人仍有他们自己的地盘，风俗习惯仍保留原始的状态。南迁的中原人士带有殖民的性质，与本地的汉人恐怕已不免冲突，与族类不同文化幼稚的蛮夷当然势不两立，蛮人因而时常暴动反抗。汉人虽然衰弱，但对付蛮人还无大的困难。到南北朝的末期，虽然江汉一带的蛮夷问题尚未完全解决，但一部分的蛮人却已汉化，蛮人的部分土地也被汉人占领。

三　北　朝

北朝最大的特点就是有种族的分别，最少在初期胡主汉奴的情形很明显，到末期也没有完全消灭。至于政治，虽较南朝或者略为健全，然而大致也未上轨道，如北魏前期实际上实行的是一种"胡汉杂糅"的政治制度，有"胡汉分治"的色彩。政治社会一般的情形也与南朝同样的混乱。淝水之战后，鲜卑拓跋部酋长拓跋珪重新纠集部众，于公元389年恢复代国，不久，改国号魏，史称北魏。北魏比较有作为的皇帝孝文帝死后，北魏日趋衰落。朝政混乱之时，大将尔朱荣率军攻占洛阳，掌控朝政，史称河阴事变。他在河阴将北魏幼主和胡太后沉入黄河溺毙，杀死大臣两千余人。后北魏分裂为东魏、西魏，而东、西魏的命运与南朝各政权有很大相似性，经过一个个的宫廷剧变和兄弟相残，东、西魏又相继被北齐、北周等取代。但北朝对农业社会土地分配的基本问题有比较周密的计划，不似南朝的自由放任。北魏开始所实行的均田制，为北朝各代所沿袭和发展。直到隋唐，其与土地有关的制度设计都与均田制有很大关系。

胡主汉奴的北朝也有它的作为，就是使胡人汉化。当时中原——最少中原的一部分——恐怕已退化到半野蛮的状态，以致连孔子都变成巫人求福的工具。胡人汉化的初步工作就是由代北迁都洛中。中原文化退步，数百年来受胡蹄蹂躏最烈的并州边地恐怕更退化到难以设想的地步。所以北朝若要完全汉化，非向南迁都不可。但保守派的旧族故老极力反对，最后迁都的计划也不得不略为缓和妥协。迁都之外，官制、姓氏、宗教典礼、婚制，也都汉化。孝文帝鼓励胡汉联婚，禁绝北语，废除胡服。孝文帝本人几乎变成一个儒生式的皇帝，而最能说明胡人汉化的就是两族的通谱连宗。

四 门 阀

自三国时代建立了九品中正的制度，富贵贫贱的分别渐渐形成望族寒门的阶级。乱世的流浪人多投身到富贵之家以求保护，自由平民通过投靠、赐予等途径降为大族豪强的依附民；奴隶解放，一般也不是直接解放为自由平民，而是解放为依附民，通常被称作客。依附民代替了自由平民和奴隶，成为突出的社会阶层。阶级的分别因而越发显著。到南北朝时代门阀的制度可说完全成立。门阀的一种表现就是士庶不通婚姻，并且不只南朝如此，北朝也有同样的制度。第二种表现就是望族的谱学发达。第三种表现就是风水的信仰大盛，这可说是保障士族永为士族的方法。第四种表现就是士族阶级中出现"诔墓文"的时髦。

五　南北消长与混一

南北对立的二百余年间，大致南朝比较衰弱，有时甚至遭北朝的轻视嘲笑。刘宋虽有所谓的"元嘉北伐"，不过换得了"仓皇北顾"的结果。梁武帝妄想借侯景之力收复失地，更是被侯景困死。北朝除称南朝为"岛夷"外，由于北朝兵力比南朝强大，因此北朝诸政权的皇帝都没有将南朝放在眼里。

北朝的劲敌却在远北的塞外。现在北朝反成了中国文化的保护者，抵抗外边的北族不使内侵。经过汉以后外族的陆续南徙与西晋以下的大批南闯，长城必已破烂不堪。长此以往，中原必将循环不已地受新外族的蹂躏，最后的结果甚至可使中原完全野蛮化。为使中原安定，容已经进来的外族一个休息与汉化的机会，北朝非重修长城不可。北魏初期，大军南下作战时，柔然的骑兵经常侵入北魏境内。为防备柔然等北方民族的入侵，太平真君七年（446 年）六月北魏太武帝拓跋焘调发司、幽、定、冀四州十万人在东起上谷（今北京延庆），西至今山西河曲一带大规模修筑边防工程，后在北方边界成立六大边防军镇，史称"六镇"。

在二百年的南北消长中，南朝的领土大致日渐缩小。时机成熟之后，北朝把南朝吞并，天下又归一统。

第二十八章　新宗教之酝酿与成熟

一 新宗教之酝酿

南北朝二百余年间是佛教渐渐酝酿成为中国的新宗教的时期。西僧开始有系统地介绍佛经,中国僧人也开始远去印度研究佛理,并大批地运回佛经。

来自西域的鸠摩罗什是当时闻名遐迩的高僧,影响很大。他译出约三百卷佛经,"辞义通明,至今沙门共所祖习"(《魏书·释老志》)。法显是中国僧人西行的代表。后秦时,法显从长安出发,经敦煌,渡流沙,逾葱岭,长途跋涉,终于到达天竺。他克服种种困难,学习梵语梵文,抄写佛教经律,又到师子国(今斯里兰卡)求经。历时十五年,他才从海路回到祖国,译出所获经典百余万言,并且把自己的见闻写成《佛国记》一书。

中印文化交流最盛的时期,除佛教之外,各种所谓外道也间或流传到中国。

佛教地位日高,因而时常与政治势力发生冲突。但政治的势力并不能阻止佛教的发展,释子中也不乏不顾性命而护法的人。

二 辩 教

在佛教发展的过程中,总有一个鬼影紧紧随着它,这就是道教。道教对佛教一方面摹仿,一方面攻击,它自己始终没有一个真正独立的灵魂。

这个怪现象可说是中国对外来文化势力所起的一种自然反应。佛教当初势力微弱,中国的态度几乎完全是放任的。但到南北朝时佛教已发展到一个不可侮的程度，至此传统文化方才感到威胁，因而开始反攻。反攻最厉的就是道家，同时自王充以后大盛的怀疑主义与自然主义也加入排外的阵营。

生活在魏晋时期的杨泉用他的元气说解释人的形神关系，他说："人含气而生，精尽而死。死犹澌也，灭也。譬如火焉，薪尽而火灭，则无光矣。故灭火之余无遗炎矣，人死之后无余魂矣。"刘宋时，范晔也认为死者神灭，天下绝无佛鬼。数学家何承天针对宗炳所写的，指出："生必有死，形毙神散，犹春荣秋落，四时代换，奚有于更受形哉？"（《弘明集》卷四）

中国传统文化的势力在江南较大，因而这种冲突也比较热烈，但在北朝也有相当的接触。

佛教对一切的攻击都针锋相对的抗战，并且到南北朝末年可说已得了最后的胜利。

三　佛教之成熟

南北朝时中国对佛教已超越摹仿盲从的阶段，少数人已能自悟新理，创造中国本位的佛教。如慧远传布佛教宣扬佛法，他的思想就和玄学家"以无为本"的思想是接近的。慧远早年曾研究过儒学和老庄玄学。他在庐山讲过儒家的经典。他讲《丧服经》，也讲《诗经》。他在讲《般若经》时，为了使听众容易听懂并接受，常引用《庄子》的话来作说明，使听众晓然。慧远讲儒家经典，用玄学比附佛经，解释佛教教义，使得佛教在上层知识界得以广泛传布。南北朝末年天台宗的成立与《大乘起信论》的产生可以象征这种新宗教的完全成熟。

第二十九章　隋唐政治与社会

(589—755 年)

一　官　制

官制经过汉末以至周、隋四五百年间，名称上的变化甚多，本质上却大致固定。唐代官制的演化与汉代相同。皇帝喜欢用私人或低级官吏，以致政治的实权时常转移。这也是后世历代的通例。唐太宗常以品位较低的官员以"参知政事""参预朝政""参议得失"等名号，执行相职。以后又出现"同中书门下三品""同中书门下平章事"等宰相名号。唐太宗的这些做法，表明皇帝任用宰相的范围扩大了，已不限于三省长官。宰相成员增多，既便于集思广益，又使之互相牵制，从而避免出现权臣专权的局面。

唐朝盛时的官制就是后代谈政治理论的人所喜欢称赞的三省六部的制度。唐朝的三省为中书省、门下省、尚书省。中书省负责定旨出命，长官中书令二人；门下省掌封驳审议，长官侍中二人；中书、门下通过的诏敕，经皇帝裁定交尚书省贯彻。尚书省职责为执行，长官尚书令一人，副长官左、右仆射各一人。尚书省下辖吏、户、礼、兵、刑、工六部，长官尚书，六部分理各种行政事务。三省长官共议国政，执宰相之职，他们议政的场所叫政事堂。

御史台负责监察百官，弹劾不法，在中央及地方各级政府都设有谏官，有一套独立的垂直机构，是保障整个官僚制度健全推行的机关。

地方官的制度也与汉代以及后代实质相同，均是想方设法以各种制度防止地方势力的独大。

但有一点新的发展，就是魏晋以下萌芽的地方官回避乡土的规律到隋唐时代发展成熟。东汉时期就有"三互法"，即"三互谓婚姻之家及两州人不得交互为官"。到唐朝时则进一步规定不许官员任本籍州县官及本籍邻县官。

二　兵　制

自汉代兵制破裂以后，到周隋盛唐才又有半征兵的府兵制度出现，但这只是昙花一现。府兵制虽然从制度上看似增强了军队的战斗力，在唐初也确实具有较强的战斗力，他们是军队的骨干。不过由于府兵制依赖于均田制等经济制度的有效实行，随着唐朝经济的发展和土地兼并程度的日益加深，府兵制赖以存在的经济基础不复存在，从前备受尊重的府兵们有的竟沦为权贵役使的仆从。所以府兵制在隋唐的时候仅在前期得以有效实行，到唐玄宗统治时终于被废除。

至于天子的禁军，自初就是一种装饰品。此后历代也永未能再建设一个健全的军制。

三　均田与赋役

经过魏晋以下的长期分裂之后，隋室统一，天下安定，并且只需维持一个政府，所以人民的经济与国家的财政都感觉非常充裕，暴富后的浪费现象也很自然地随之产生。隋开国皇帝杨坚开创所谓"开皇之治"使隋朝国库异常充盈，不过他的儿子杨广即位后，虽踌躇满志，却也好大喜功。他开凿大运河供自己巡游，巡游时其龙船由征发而来的纤夫拉着走，船上的食物吃不完便倒到河里。杨广面对万里江山犹觉不足，因此征发壮丁，三征高丽，结果大败而回。几经折腾之下，隋朝的繁荣景象不再，充盈的国库亦被这位皇帝花个精光。

唐承隋业，对民生与国用有大规模的设计统制。经过李世民、武则天和李隆基的励精图治，唐朝终于在开元年间走到极盛。天宝乱后，唐制破裂，国计民生的各方面就呈现出后世大致不变的制度。

经过南北朝时代的移殖开拓，东南一带不只文化地位提高，经济上的位置也日见重要。隋唐时代东南的漕运成了维持京畿的必需条件，特别是安史之乱之后，由于北方战乱的破坏，唐朝廷在缺粮的情况下只能依靠相对安定的南方通过运河维持生计。此后凡在天下统一时期，也无不如此。

四　学校与选举

隋唐统一，创立有系统的学校与科举制度，此外又为特殊人才与军事人才谋出路。科举制度自隋朝创立之后就一直被唐代君主所完善。到了武则天时代，创立了武举，从此科举的选拔范围扩大到了军事领域。

后世历代求人才的方法，都没有超出隋唐的范围，在理论上，科举出身的人都可做官，并且实际上有官做的也不在少数。但天下虽大，仕途虽广，若所有科举出身的人都要做官也是办不到的。在唐朝，常科登第后，还要经吏部考试，叫选试。合格者，才能授予官职。唐代大家柳宗元进士及第后，以博学宏词，被即刻授予"集贤殿正字"。如果吏部考试落选，只能到节度使那儿去当幕僚，再争取得到国家正式委任的官职。韩愈在考中进士后，三次选试都未通过，不得不去担任节度使的幕僚，而后才踏进官场。这也是后世总没有解决的一个严重问题。

第三十章　大唐二元帝国

(618—755 年)

一　疆　土

唐代盛时,中国文化的地域完全统一,属国与半属国也达到汉所未达到的疆界。唐太宗时"其地东极海,西至焉耆,南至林州(今越南境)南境,北接薛延陀界。凡东西九千五百一十里,南北万六千九百一十八里"(《旧唐书·地理志一》)。到唐玄宗"开元、天宝之际,东至安东、西至安西,南至日南(今越南义安)、北至单于府"(《新唐书·地理志》)。其疆域超过西汉盛期,是当时世界上版图最大、势力最强的帝国。

与汉代匈奴地位相等的突厥,不久就为唐所解决。唐朝初建之时,突厥曾一度构成了相当大的威胁,唐自太宗以来就一直采取积极的进取政策,团结突厥的一部分和其他民族,驱逐突厥势力以维护唐朝的安全。直到天宝四年(745年),回纥怀仁可汗兵击突厥,杀白眉可汗,后突厥汗国灭亡。突厥人,一部分归附唐朝,一部分迁中亚,大部分转入回纥国。

甚至中国实力绝难达到的地方,一半靠大唐的威名,一半靠一两位冒险家的勇敢,也居然令其感觉到大唐的可畏。如我们今天耳熟能详的"唐三藏"——玄奘高僧,远赴天竺(印度),就将唐太宗的事迹散布到那里。《西游记》中提到唐僧西行到一些小国,凭"大唐"的文牒多半畅通无阻并受到相当礼遇,也并非完全虚构。

大唐帝国可说是二元性的,天子对内为皇帝,对外为天可汗,虽然不能说内外完全平等,但不似过去与未来各帝国的过度内中国而外夷狄。唐太宗就曾说过"自古皆贵中华,贱夷狄,朕独爱之如一"的话。

二 外蕃之威抚与恩抚

唐对外蕃恩威并施。威抚的方法为设置羁縻府州与都护府。恩抚的方法为通商,鼓励外蕃子弟留学中国与外蕃的中国化,藩属人才的擢用,四方宗教的放任、保护与和亲等。因回纥信仰摩尼教(明教),所以唐朝为笼络回纥也放任摩尼教在唐朝的传播。摩尼教的寺庙在唐朝各地的兴建也曾有相当规模。后回纥式微,且摩尼教带来许多社会不稳定因素,所以唐统治者立刻改弦更张,弹压摩尼教。

和亲也可说是一种间接同化外蕃的方法。著名的文成公主入吐蕃,就是唐朝和亲政策成功的典型代表。

三 内 政

除历史的时机成熟之外,唐太宗个人可说是唐所以为唐的主要原因。他是文武全才的人物,性情仁恕,最少肯行仁恕的政策,并且对各种人才都善于笼络任用。所以后世的人把"贞观之治"理想化,并非无因。玄宗继承前业,大致仍能维持盛时的旧状,但衰微的征兆渐渐明显。

玄宗于开元年间开创盛世不免志得意满,大抵骄横之主多不喜逆耳之忠言。在这点上,玄宗与太宗相比,少了很多虚怀若谷的胸襟。早先帮助玄宗开创盛世的张九龄、韩休等被他逐渐疏远,所谓"宫殿千门白昼开,三郎沉醉打球回。九龄已老韩休死,明日应无谏疏来",就是对玄宗晚年怠政贪玩的真实写照。"亲小人、远贤臣"永远是昏君亡国的重要因素,张九龄等"贤人"离去后,自然有口蜜腹剑之李林甫和杨国忠等人围在玄宗的身旁,于是朝政越发混乱。

衰乱的引线就是自汉以下皇帝政治所永难避免的女祸——宫闱不正。不过,杨贵妃再有倾城之貌、倾国之姿,也终不至于是所谓的"红颜祸水",祸国殃民。"马嵬驿兵变"也只不过是一场借诛杀杨氏而进行的争权夺利的斗争。可怜杨贵妃,成了主政者李隆基自己堕落导致山河破碎的替罪羊。

第三十一章　隋唐宗教

一　教　会

南北朝以下，佛教大盛。隋唐虽又将长期分裂的天下统一，皇帝虽又恢复秦汉盛时的独尊地位，但仍感到佛教势力太大，不得不加以限制管理。唐武宗会昌(841—846 年)年间下令灭佛，"其天下所拆寺四千六百余所，还俗僧尼二十六万五百人，收充两税户，拆招提、兰若四万余所。收膏腴上田数千万顷(数字有误差)，收奴婢为两税户十五万人"(《隋书·经籍志四》)，使佛教势力遭到空前沉重的打击。

隋唐时代佛教在中国已完全达到独立发展的程度，但仍有人往印度去吸收新的经典与经说。佛教在唐朝的发展，表现在大量佛经被翻译过来，通过对佛经的钻研，中国佛学的水平超过了佛教的诞生地印度，其重要标志便是贞观年间玄奘在天竺曲女城大会的胜利。同时，经过从东汉至南北朝的发展，佛教已经中国化了。由于新的佛经不断传入和大量翻译，以及人们对教义的不同理解，至唐朝逐渐形成了许多佛教宗派。当时的主要教派有：崇奉《法华经》的"天台宗"，又名法华宗；以玄奘为代表的"法相宗"；法藏所创的"华严宗"，以阐释发扬《华严经》而得名；专迷信法术的"密宗"；主张专心念佛即可得救的"净土宗"等。

唐为牵制深入人心的佛教势力，就极力地推崇凑巧也姓李的老子，以附会老子成立的道教。道教尊奉老子李耳为教主，因唐朝皇帝姓李，所以，从李渊起，便以教主后裔自居，而积极扶植道教，力图借助神权来巩固其统治。唐高宗乾封元年(666 年)，尊老子为太上玄元皇帝，唐玄宗即位后，自称梦中见到老子，便画老子像颁于天下，并令王公以下官员贵戚习诵《老子》，又封庄子为南华真人,文子为通玄真人,列子为冲虚真人,庚桑子为洞灵真人,以壮大道教势力。唐武宗采取灭佛措施,独尊道教,奉道士赵归真为师,在宫中设道场。从此以后,最少在一般人民外表的宗教生活上,如疾病生死吉凶祸福的仪节之类,释、老二教处在平等的地位。

二　宗　教

唐朝真正的宗教仍是佛教, 道教不过是靠国家势力所扶持而成的与佛教并行的一个教会, 也可说是旧的文化对外来势力始终反抗的一种表现。由宗教方面看,净土宗就是佛教。天堂乐土的信仰是这个宗教的基础。佛教普度众生的慈悲理想由净土宗发挥到最高的限度。所有的人,由最善的人到极恶的人,都可靠他力而升天堂。

善果的净土有它的反面, 就是恶业的地狱以及饿鬼畜生诸恶道。专靠己方,堕入恶道的机会总比前往净土的机会多出不知若干倍,但慈悲的佛教为所有的人都设有简便的出路,甚至连无亲无告的受恶道痛苦的人也有解脱的方法。

三　佛　学

经过南北朝的辩教之后,隋唐的思想界就成了佛学的天下。佛学各派中对后代思想发展影响最深的恐怕要算禅宗, 内容包含最广的要数华严宗。

"禅宗"起于北魏末,始祖达摩,至唐前期分为南北两派。禅宗五祖弘忍有两大弟子,神秀创立北宗,慧能创立南宗。慧能认为佛在心内,不在心外,只要净心自悟,不必苦修,不必背诵大量经卷,便可顿悟成佛。弘忍认为慧能真正悟道,便传衣钵给慧能,从此禅宗分成南北两派。慧能的顿悟说,是简单速成的办法,这种廉价进入天堂的方法,可使人们空虚的灵魂得到寄托。这样,南宗战胜了北宗,得到了广泛的流传。到唐后期,它几乎取代了佛教的所有宗派,垄断了佛坛。

四　唐诗中之哲学

唐时佛理浸透人心,大唐文化结晶的唐诗中充满了时间无限、空间无限、人类渺小轻微的观念。如李白诗中便有"生者为过客,死者为归人"之句。但这并不是悲观。人虽微小,却是宇宙所必不可无的。若无人,宇宙就不成其为宇宙。人与无限的宇宙不可分离,甚至化而为一,这可说是诗人的明心见性与顿悟成佛。除上下四方古往今来的一切都可提示这种玄妙外,深山隐士最易明了这个道理,古寺钟声最足使人体会这种不可言传的神秘。如唐代诗人常建便在禅院中写下"清晨入古寺,初日照高林。曲径通幽处,禅房花木深。山光悦鸟性,潭影空人心。万籁此俱寂,但余钟磬音"的诗句。

第三十二章　二元帝国之灭亡

(756—960 年)

一 外患频仍

安史之乱靠回纥的协助，方得平服。中国自己渐无可用之兵，外族的势力日愈强大。回纥与吐蕃相继扰乱西北边地以至内地。安史之乱后，唐朝国力削弱，吐蕃完全控制了西域，夺去了河西、陇右地区。广德元年(763年)，吐蕃一度攻陷长安，其实力达到鼎盛阶段。虽然回纥曾多次帮助唐军平定内外忧患，不过唐朝势力衰微之后，回纥也看见了可乘之机，遂在叛将仆固怀恩的引导下进攻唐朝。幸亏名将郭子仪凭借其在回纥兵中的声望加以阻止，回纥才班师北还。此后，回纥不时蚕食唐朝边土，唐政府也疲于应付。

西南边外貌小的南诏，中国也感觉到无从应付。天宝年间，唐军就曾三败于南诏，被南诏夺取了不少土地。大唐天可汗的藩属实际上完全丧失，从此以后二元帝国也永未恢复。

二 藩 镇

安史之乱平定之后，降将功臣都任节度使，地盘私相授受，实际已成割据的局面。最先成为藩镇的是安史降将：张忠志(李宝臣)任成德节度使，治恒州(今河北正定)；田承嗣为魏博节度使，治魏州(今河北大名)；李怀仙为卢龙节度使，治幽州(今北京)。这就是著名的河北三镇。他们表面上尊奉朝廷，而实际上各拥强兵，自署将吏，自收赋税而不入朝廷，成为割据一方的军事政治势力。节度使的职位也往往是父死子继、兄终弟及，或由部下拥立，唐朝廷只能事后追认。除河北三镇外，重要的藩镇还有淄青镇，治青州(今山东益都)；淮西镇，治蔡州(今河南汝南)；宣武镇,治汴州(今河南开封);泽潞镇,治潞州(今山西长治);沧景镇,治沧州(今属河北)。他们仿效河北三镇,专横跋扈,割据称雄。这些藩镇之间也经常找借口互相攻伐吞并,更有甚者公然反抗朝廷。藩镇"喜则连横而叛上,怒则以力而相拼"(《旧唐书·田承嗣传》),使唐后期的政局极为动荡不安。

藩镇是后来唐室灭亡的主因之一。黄巢起义虽使唐朝奄奄一息,但并未就此崩塌,最终给唐朝以致命一击的,是藩镇朱温。

三 宦官与禁军

宦官弄权,是唐亡的第二个原因。地方的兵既已都归藩镇,中央的禁军又渐渐由宦官把持。唐肃宗时,宦官李辅国以拥立有功,而内掌玉符,外管禁军。唐代宗时宦官程元振、鱼朝恩相继掌禁军。唐德宗时,设神策军护军中尉二人、中护军二人,全由宦官充任,统率左右神策军、天威军等禁军。从此,宦官典掌禁军成为定制。所以无论中央与地方的实权,都不在皇帝手中。朝中制定国策、进退将相大臣,甚至皇帝的生杀废立都操纵在宦官手中。唐后期的皇帝,顺宗、宪宗、敬宗均死于宦官之手,穆宗、文宗、武宗、宣宗、懿宗、僖宗、昭宗,都是由宦官拥立的。

四 财政紊乱、起义军兴起与唐之灭亡

法制破裂之后,财政必然紊乱;民生困难,起义军起伏无定。唐懿宗即位不久,大中十二年(859年)十二月,就爆发了裘甫领导的浙东农民起义。咸通九年(868年),又爆发了庞勋领导的桂

州戍卒兵变,他们向北,直攻入徐州。大批农民加入,使兵变转变为农民起义,并控制了淮北、淮南广大地区,起义队伍发展到二十万人。庞勋起义,从桂林北上,进行流动作战,对黄巢领导的唐末农民大起义有着重大的影响。

起义军利用《推背图》式的谶文煽惑人心。懿宗年间,曹州(今山东定陶西)流传歌谣:"金色虾蟆争怒眼,翻却曹州天下反。"(《旧唐书·黄巢传》)这也是秦汉以下的惯例。

黄巢之乱把二元帝国所残留的一点规模也完全打破。黄巢起义军从数千人发展到六十余万,转战南北,横扫大半个中国。起义军虽被镇压,唐朝也从此一蹶不振,名存实亡。末世的皇帝虽想振作,也无济于事。

在唐末的大乱中,有一个外族一方面防止混乱,一方面又增进混乱,这就是沙陀。沙陀族是突厥别支。唐末之时,沙陀族士兵帮助唐朝抵挡了许多内忧外患。沙陀贵族李克用曾帮助唐军镇压黄巢,不过后遭朱温暗算,其势力也不如朱温。李克用病死后,其子李存勖立志灭朱温,不过志成之后却宠信伶人,最后身亡。五代十国中,后唐、后晋、后汉的建立者均为沙陀人。

五 五代十国

天宝乱后的割据局面最后表面化,就是所谓五代十国时代。五代是指后梁、后唐、后晋、后汉、后周五个次第更迭的中原政权;十国是指前蜀、后蜀、吴、南唐、吴越、闽、楚、南汉、南平(荆南)、北汉等十几个割据政权,十国乃称其"大"者,实际上还有不少割据政权。

在这种大混乱中,东北的国防要地就丧失于契丹。公元907年,契丹迭剌部的首领耶律阿保机统一各部取代痕德堇即可汗位。公元916年,耶律阿保机称帝,建立了契丹国。公元925年,耶律阿保机亲率兵征服渤海国,改渤海国名为东丹国,册立皇太子耶律倍为东丹国王。公元938年,后晋石敬瑭把燕云十六州的土地和人民割让给契丹。因燕云十六州地形险要,是中原抵御北方民族入侵的屏障,燕云要地一失,契丹兵便可长驱直入。

此外尚有两种无形而非常重要的变化,就是政治重心的东移与印刷术大规模应用的成功。长安经安史之乱的破坏和此后的历次战乱已经破败不堪,而由于大运河的开凿,洛阳作为运河的中点显得越发重要。特别是北方农业被战争破坏后,农田已经养不起北方的人民。因此,依靠运河而自南方运来的粮食就越来越重要。早在隋朝时,洛阳就是"东都",唐朝时,洛阳也是重要的第二都城。唐末朱温将唐昭宗掳到洛阳,将都城东迁。后晋以后直到北宋,中原王朝的政治中心又东移到开封。隋唐时,雕版印刷术已大规模运用,多印刷佛经、日历等与百姓日常生活息息相关的印刷品。到五代十国时期,雕版印刷品已经"流布天下,后进赖之"(《旧五代史·冯道传》)。

第三十三章　新儒学与复古运动

一 背 景

魏晋以下儒教消沉，佛教几乎占据了全部的精神领域。但汉武帝所完成的政治规模，与儒经有不可分离的关系，所以后代无论如何尊崇释老，孔子的地位也不能完全抹杀。

隋文帝开皇九年(589 年)，统一全国。文帝虽好释佛，但曾一度"超擢奇隽，厚赏诸儒，京邑达乎四方，皆启黉校"(《隋书·儒林传》)。炀帝"征天下儒术之士，悉集内史省，相次讲论"(《隋书·儒林传》)，"复开庠序、国子郡县之学，盛于开皇之初"(《隋书·褚辉传》)。"以《三礼》学称于江南"的吴郡人褚辉、"明《尚书》《春秋》"的余杭人顾彪、"撰《毛诗章句义疏》四十二卷"的余杭人鲁世达，均被征召。

旧的中国虽已成过去，古典文化的基础却未完全推翻。隋代已有人以新的孔子自居，这可说是二百年后新儒教复古运动的预兆。

二 武宗废浮屠与韩愈辟佛老

唐代末期，由于财政的原因(因为寺院经济恶性膨胀，僧侣享有免租税，不服兵、徭役的特权，他们利用这些特权与世俗地主争夺地租和劳动力)和文化潮流的转变，发生了所谓"三武之祸"的第三次，也是最严重的一次。

"三武"指北魏太武帝拓跋焘、北周武帝宇文邕、唐武宗李炎。唐代后期，由于佛教寺院土地不输课税，僧侣免除赋役，佛教寺院经济过分扩张，损害了国库收入，与普通地主也存在着矛盾。唐武宗崇信道教,深恶佛教,会昌年间又因讨伐泽潞,财政急需,在道士赵归真的鼓动和李德裕的支持下,于会昌五年(845年)四月,下令清查天下寺院及僧侣人数。八月,令天下诸寺限期拆毁;拆天下寺四千六百余所,兰若(私立的僧居)四万所。拆下来的寺院材料用来修缮政府廨驿,金银佛像上交国库,铁像用来铸造农器,铜像及钟、磬用来铸钱。唐政府从废佛运动中得到大量财物、土地和纳税户。唐武宗灭佛在中华佛教史上被称为"会昌法难"。

佛教会在财富与人力上受了绝大的打击,此后永未恢复旧有的地位。但较皇帝势力尤大的却是韩愈一流人辟释老尊周孔的热烈宣传。这种复古的新儒教需要一种新的文字,就是也带复古色彩的古文。

韩愈认为"天命圣人来为民君师,以仁义来教化人民",建立起理想的秩序,称之为"道"。他还认为,尧、舜、禹、汤、文、武、周公、孔子、孟子递相传授,这同佛教传法一样,但儒家道统传到孟子便中断了。韩愈认为,自己当仁不让要继承这个道统,"使其道由愈而粗传"(《全唐文·论佛骨表》)。"古文"这一概念由韩愈最先提出。他把六朝以来讲求声律及辞藻、排偶的骈文视为俗下文字,认为自己的散文继承了先秦两汉文章的传统,所以称"古文"。韩愈提倡古文,目的在于恢复古代的儒学道统,将改革文风与复兴儒学变为相辅相成的运动。

三　李　翱

如果韩愈是新儒教的宣传家,李翱可说是新儒教的哲学家。他与名僧来往甚密,但谈到思想的差别上他却毫不客气。然而李翱实际上是自欺的,他的思想不过是改头换面的见性成佛论。他的学说中有很大一部分来自佛学,特别是佛教禅宗的理论。李翱任朗州刺史时,有赠禅宗僧侣药山惟俨诗二首,其中有"我来问道无余说,云在青天水在瓶"之句。他在心性方面吸收佛教的学说,尝试创立一套新的心性论,以发展儒学,弥补儒学在这方面的不足。他的理论成就主要体现在其《复性书》中。

第三十四章　宋之积弱与变法失败

(960—1085 年)

一 兵 制

宋代的统一只能说是长期大乱后的消极治平时代，对内对外实际上都无办法。宋太祖集中兵权，似可矫正时弊。但他所招的兵太多，分子杂滥，甚至往往以招兵为救荒的方法。

赵匡胤在登上皇帝位后的第二年，免除握有重兵的慕容延钊和韩令坤的殿前都点检的职务，"罢为节度使"。禁军殿前都点检被取消，由皇帝控制禁军。同一年，在一次酒宴中，赵匡胤"劝"大将石守信等人交出兵权，说此后他们可以购置田宅，多置歌儿舞女，"日夕饮酒相欢，以终天年"。大将在利诱胁迫之下，一个个交出了兵权，这就是"杯酒释兵权"。

北宋把禁军分而为三，由"三衙"统领。其将领的名位较低，大权实际上由皇帝掌握。北宋设枢密院，枢密使有调动军队的权力。而实际领兵作战的将领往往是临时委派，没有调动军队的权力，"有握兵之重，而无发兵之权"。同时，宋朝的募兵制有很强的以职业兵身份养穷苦老百姓的色彩。每一地灾荒，政府即招兵，意为常有乱民而少有乱兵。北宋一朝，很多农民军起义后迅速被招安，摇身一变成为朝廷军队，就赖宋朝养兵政策。兵权过于集中于上，导致将领临敌少有独断之权，不能权宜行事，而且，养兵政策使得军队很难形成有效的战斗力。

同时朝廷对军将过于姑息，不加督责。将既如此，兵又如彼，难怪宋代对外始终不能振作。

二　财政与民生

宋初集中财政，并谋增进民生。北宋初年于各路设置转运使，将地方上财赋收入，除一小部分留做"诸州度支经费"外，要全部送至京师。中央还派京官去地方上监收。但赋役的分配过于不均，以致占人口大多数的小农与贫民无法谋生。宋代建朝后，不但不抑制兼并，反而纵容功臣、大将们兼并土地。太祖要石守信等交出兵权时，便鼓励他们去购置田产。土地买卖与典卖相当普遍，土地集中的趋势加速，农民失去土地，客户的数字在增加，"富者有弥望之田，贫者无卓锥之地。有力者无田可种，有田者无力可耕"（《续资治通鉴长编》卷二十七）。

役法的不良尤其使人民感受痛苦。宋代的居民有主户和客户之分。主户分成五等，乡村上三等户为"上户"，是各类地主。四、五等户称为"下户"，有少量的土地。客户是没有土地的农民，占总户数百分之三十五左右。五等户和客户都要租种土地，地租根据具体的情况或对半分成，或四六分成，没有耕牛的佃户要把六成以上的收成交给地主。宋代名义上虽对没有土地的客户不征税，但是客户租种大户的土地，国家收税越重，则主户想方设法的盘剥手段就更多。一切负担几经辗转，又全压到了穷苦百姓的身上。

财政与民生是任何国家对内的主要问题，这个问题宋代也始终未能解决。

三 科 举

由唐至宋,科举制度在外表上没有多少变化。但科举的内容日益空洞,最后只余下浮华的赋论与大言不惭的经义。因而所产生的人才都是些与实际完全脱离关系、能说不能行的书生。

宋代科举考试依据的是儒家经典,但是很长一段时间内,对儒家经典注释不一,还不能达到统一思想的目的。王安石创立的"新学"派,是新兴的"宋学"中体系相对完整的学派。宋神宗对王安石说:"今谈经者人人殊,何以一道德,卿所著经,其以颁行,使学者归一。"(《续资治通鉴长编》卷十八,太平兴国二年正月)以王安石为首的改革派以"新学"派的观点撰注《诗义》《书义》《周礼义》,合称《三经新义》,于熙宁八年(1075年)颁布学校,作为教科书。此后,《三经新义》成为科举考试的依据,以此选拔拥护改革的官员。

绍兴末年以前,科举虽仍以"新学"学说解释经义为主。但"理学"在秦桧、赵鼎扶植下,在科举考试中也逐渐得势。高宗末孝宗初,"理学"遂与"新学"并为显学,科举中随权臣及主考官的倾向而变化。宁宗中期以后,理学派在科举中逐渐占优势,至理宗淳祐元年(1241年)后,理学成为统治思想,新学、蜀学在科举中遂完全被排斥。可见,宋代科举无论形式如何变化,归根结底,在于选拔听话之官吏,这与后世所诟病的明朝八股取士没有多大区别。

法制不良,犹可改善;人才缺乏,最无希望。这至少也是宋代对内对外始终无办法的一个重要原因。

四 缠 足

在宋代各方面的积弱之下,妇女缠足的风气也渐渐普遍。缠足除对身体的戕害之外,在心理方面也代表一种变态的审美观。男子既不能当兵,又不成人才,女子又故意地加以摧残,整个的民族不知不觉间都进入麻木昏睡的状态。

五 国防生命线之始终缺乏

以往中国在统一时代总有藩属, 积弱不振的宋朝不只没有对外发展的能力,连中国本部的国防要地也不能占有。

东北的燕云仍为辽侵中国的根据地。燕云之地历来为农耕民族防备游牧民族南侵的重要屏障,历代长城必须依燕、云、幽等地的险峻地形方能起到金汤之作用。自石敬瑭割燕云十六州之后,辽国铁骑毫无阻挡,而中原军队北进却又难上加难。雍熙北伐宋军由胜转败,失却地利实为重要的原因。而澶州之战,辽国轻易逼近宋京,实也是因没有抵御的屏障。

西北的边地始终是西夏的势力。西北宁夏、陕北地区,是北方游牧民族南侵的又一个通道, 尤其是中原王朝之政治中心在长安之时,此地比幽、云还要重要。如今此两大重要通道为辽、夏所据,则战争的主动权就掌握在了彼方手中。

并且宋须每年向两国输纳重币,方能维持和平,这也是宋代财政困难的一个原因。

六　王安石

王安石是宋代的非常人物。他曾于嘉祐四年（1059年）上《言事书》，列举时政弊端及改革意见，虽未被采纳，却代表了要求改革者的共同意志，声望日益高涨。神宗即位时，王安石已经独负天下盛名多年，司马光也说大家都认为只要王安石当政，"则太平可立致，生民咸被其泽"（《司马温公文集》卷六十《与王介甫书》）。他看出中国积弱的情形，认为非改革不可，并且断定当时的基本问题就是人才问题。

七　王安石变法

神宗给王安石一个彻底改革的机会。新法的目的是要解决财政与民生的问题，使国家有可用的兵，使读书的人能真正明理，成为有用的人才。正如王安石所说："修吾政刑，使将吏称职，财谷富，兵强而已。"（《宋会要辑稿》食货一之二十八）熙宁二年（1069年）二月，王安石任参知政事，首先创设变法改革的指导机构"制置三司条例司"，由王安石和枢密副使韩绛兼领，吕惠卿任"检详文字"，章惇为编修三司条例官，曾布任检正中书五房公事。同年七月至十一月先后颁布实行均输法、青苗法（常平法）、农田水利法。熙宁三年五月，废"制置三司条例司"，并其职权归中书（宰相府），司农寺成为推行新法的机构，吕惠卿改任判司农寺。同年十二月，王安石与韩绛同时拜相，变法一直在守旧派的攻击和变法派内部意见不一致的艰难情况下进行。熙宁七年四月，王安石在实行免行法时，受到神宗和曾布的联合抵制，辞相就任江宁知府,吕惠卿升任参知政事。八年二月王安石复相,受到吕惠卿的攻击,神宗对王安石的意见也多不从。加上爱子王雱病死,王安石精神受到重大打击,遂力请辞相。同年十月王安石第二次罢相,出任判江宁府,次年六月又辞官闲居江宁,元祐元年(1086 年)四月去世。

新法未得尽量推行。但兵制改革之后,虽对辽、夏仍无进展,对蛮人方面却有相当的成功。王安石变法的兵制改革包括将兵法、保马法、保甲法、团教法等,其中保甲法等依靠民间乡村基层单位为兵员来源地的方法为后世所效法。

八　变法失败

一般以正人君子自居的人保守成性,对新法用种种正当与不正当的方法诋毁攻击,附和新法的又多是些动机不纯的人。所以人才以至人格的缺乏使新法没有一个好好施行的机会。不过,王安石过于激进,很多措施也并不符合当时的客观实际。特别是他为追求变法效果,对地方官员勒逼过紧,许多地方官疲于应付,只得弄虚作假。这种上有政策、下有对策的做法,使得王安石变法所背负的恶名越来越多。

旧党上台之后,不顾利害,在可能的范围内把新法几乎全部推翻。当时苏轼还算比较清醒,他既反对王安石的暴风骤雨式的改革,也反对司马光等人对王安石变法不分青红皂白的全盘否定,结果遭到了新旧两党的共同排挤。

王安石虽不免抱负过高,但他认为中国把千载一时的机会白白放过,并非全是一时痛愤的论调。

第三十五章 宋 亡

(1086—1279 年)

一 北宋灭亡

王安石失败之后,新旧党争变成夺取政权的工具。宋神宗死后,曾经和王安石一起变法的人如吕惠卿、蔡确、章惇等都遭到打击。司马光死后,朝中又展开内部的争斗。程颐等为"洛党",苏轼、吕陶等是"蜀党",刘挚及刘安世、梁焘等为"朔党"。在这之后,朝政日益混乱,所谓新法旧规,完全成为一种旗号。到了宋徽宗亲政之时,再复新政。这时的变法,已经走了样,推行变法的人实际上是在争权夺利,当时蔡京、高俅等人完全凭自己的意愿划分新旧之党,稍有拂逆己意之人,便攻击其为旧党。还有人借着变法之名,行搜刮之实。政治日益腐败,以致引起严重的民变。当时就有今天我们耳熟能详的宋江等人领导的梁山泊起义。时睦州青溪(今浙江淳安)人方腊,因不满朝廷盘剥,利用摩尼教(明教)号召民众,组织起义。方腊起义军先后攻下六州五十二县之地。为镇压方腊起义,宋徽宗命童贯带领十五万大军包围起义军。方腊寡不敌众,起义失败。当时金国兴起,相约北宋一起攻辽,北宋朝中意见不一,相当一部分人认为应靠辽国牵制后起之金国。但是宋徽宗认为这是收回失地的好时机,遂命童贯带镇压方腊之兵北上攻打燕京。不过,辽军虽在金国攻势下屡战屡败,在燕京城下打击宋军却是节节胜利。童贯黔驴技穷,只得请求金国代劳,最终燕京被金军攻破。后来,金国借口宋不守盟约,大举攻宋。宋徽宗惊慌失措,慌忙让位于钦宗。但是这二人最终都在东京城破之际,被金军掳走。这就是著名的"靖康之变"。中原于是第二次陷于外族。

二 南 宋

自宋室南渡之后，中国政治社会的黑暗通史就成了永久固定的状态。这种情形自唐末以下渐渐明显，宋虽统一，政治社会的基础仍不健全，王安石的改革计划也大体失败。从此之后，大家都安于堕落，并不觉得有彻底改良的需要。南宋是在风雨飘摇中建立起来的，但是这个偏安江左的朝廷，仍是醉生梦死，对百姓继续进行残酷的压榨和剥削。土地兼并加剧，大批农民失去土地成为无地的客户。长江中下游的圩田多被皇室、大官僚、文臣武将所占领。

人才的缺乏与吏治的腐败是这个没落社会中最惹人注意的现象。暴政是常事，善政几乎成了梦想不到的奇迹。南宋统治者在生死存亡的关头，内部的斗争一直没有停止过。高宗时由秦桧把持朝政，打击、迫害不同意见的人。实行文化专制政策，贿赂公行。到了宁宗、理宗、度宗，一直到南宋的灭亡，政治异常黑暗。史弥远、丁大全以后又有贾似道，在这些奸相控制下，政出私门，奢侈腐化，卖官鬻爵，人民的生活更加痛苦，社会的危机更为严重。这样的社会当然没有强盛的可能。宋自认为金的属国，方得偏安江南，但最后仍不能自保，以致整个的中国亡于异族。

公元 1276 年，元朝军队攻破临安，南宋灭亡。1279 年，张世杰、陆秀夫等拥立的南宋小朝廷被元军追击到厓山（今广东南海）。经过一番挣扎后，南宋最后的一点象征随着陆秀夫背着小皇帝跳海而结束。

三　金

金朝盛衰的经过与汉人自创的朝代大致相同，也有朝廷草创时的励精图治，也有诸如完颜亮这样的暴君，也有金哀宗作为末世皇帝的悲伤与无奈。金朝占据中原之后，不久就完全汉化。虽也有人感到此事的危险，但这似乎是不可避免的命运。汉化的程度越深，兵力越发不振，最后甚至与宋同样没有可用之兵。最堪玩味的，就是连亡国时的可怜状态也与宋的两次亡国如出一辙。

蒙古军南下，金朝内部分裂为抵抗与投降两派。金宣宗屈辱求和，蒙古军暂自中都(今北京)撤退。宣宗弃中都迁汴(今河南开封)，金朝从此走上灭亡的道路。中都北京(今内蒙古巴林左旗东南)失陷，官员、地主纷纷叛金降蒙或自立。张鲸、耶律留哥、蒲鲜万奴称王，标志着各族以及女真族内部的分裂。1229 年，窝阔台继汗位，继续征讨金朝。1231 年，窝阔台亲自带领中路军伐金，同时命令东路军直指济南，西路军假道宋汉中，直下汉水，再进而入金境。次年三月，汴京被围，金人坚持斗争，最后粮尽援绝，金哀宗逃至归德。1233 年年初，金军的守将投降，蒙古军占汴京。金哀宗又由归德逃往蔡州(今河南汝南)。南宋与蒙古约定联合攻金，这是北宋联金灭辽的故技重演。这一年的七月，南宋将领孟珙出兵消灭了金人的一支重兵，与蒙古军包围了蔡州。宋理宗端平元年(1234 年)，蔡州城破，金哀宗自杀，金灭。

第三十六章　宋代理学

一　朱　陆

韩愈、李翱所提倡的新儒学,到宋代发扬光大,被称为"道学"或"理学"。这种新儒学名义上为孔孟思想的正传,实际上却导源于释老的玄理。理学大致流为两派:一派是调和的实在论,由朱熹集其大成;一派是绝对的唯心论,由陆九渊集其大成。两派见解根本不同,来往论辩甚多,但"同植纲常,同宗孔孟"(黄宗羲语)。南宋后期,理学的发展出现了朱、陆合流的趋向。南宋灭亡,理学北传,至元代出现一大批理学大儒。

朱熹为《大学》《中庸》《论语》《孟子》作注释,这本书称为《四书章句集注》,简称为《四书集注》,它宣扬从孔、孟到二程的道统,强调天理纲常和名分等级的永恒性。元朝统治者为强化统治,以程朱理学为官学;科举考试以"四书""五经"为准。《四书章句集注》对帝制时代后期的政治、文化、教育产生了重大的影响。

二　书　院

一种文化潮流必有它借以表现的机关或工具。书院就是理学的机关。于唐朝后期,书院与新儒学同时产生,宋初两者也同时盛行。南宋时理学极盛,同时书院也最多,甚至已发展到泛滥的程度。

北宋初年,私人讲学的书院大量产生,陆续出现了白鹿洞、岳麓、睢阳(应天府)、嵩阳、石鼓、茅山、象山等书院。其中白鹿洞、岳麓、睢阳(应天府)、嵩阳书院并称为中国古代四大书院。绍熙五年(1194 年),朱熹扩建岳麓书院,学生达千余人。他又以白鹿洞书院作为研讨、传布理学的中心。其建置、规约,乃至讲授、辩难等方式,无不受禅宗寺院的影响。各派理学家的书院相继而起,如理学心学派陆九渊的象山书院、理学婺学派吕祖谦的丽泽书院等。南宋先后兴建的书院总数达三百所以上,书院大多得到官方的支持。书院与州县官学,成为南宋地方的主要教育机构,书院大多又是理学的传布中心,理学因而益盛。

第三十七章　亡国政治——元

(1279—1368 年)

一　非中国重心之欧亚大帝国

这里所讲元朝的疆域,是指元朝直辖地区,不包括后来走上独立发展道路的钦察汗国、察合台汗国、窝阔台汗国、伊利(又译伊儿)汗国。史载,元朝疆域"北逾阴山,西极流沙,东尽辽左,南越海表"(《元史·地理志一》)。史称汉唐为盛,但"幅员之广,咸不逮元"。"元东南所至不下汉唐,而西北则过之。"(《元史·地理志一》)唐朝时期边疆地区的羁縻州县,在元朝几乎都同于内地,以往由少数民族政权统治的地区,也正式划入了元朝的版图。

大元是横亘欧亚的大帝国,并不以中国为重心。这是与前此外族统治中国大不相同的一点。政治中心原在上都,全在中国本部的范围之外。后来虽迁都燕京,但这是事实的问题:中国虽无意间成为大元帝国的主要部分,在蒙古人心目中他们仍是以外族入主中国,始终不肯与中国同心同德。国家用人并不限于汉族,更不限于儒生,例如元朝的著名宰相耶律楚材便是原契丹贵族。由于李璮之乱牵涉到忽必烈倚信的王文统,使忽必烈极为震动,以致他对许多藩府旧臣和汉人军阀产生很大的猜忌。平灭李璮之乱后的一系列措施,既有加强中央集权的意义,同时也是出于对汉人的防范之心。王文统被杀后,忽必烈转而重用出身回族的察必皇后宫帐侍臣阿合马,把他"超擢"为中书平章政事。凡是帝国以内甚至帝国以外的人都可擢用。所以蒙古人多不习汉文。他们不只不想汉化,甚至鼓励汉人蒙古化。汉族中为荣利心所趋使也确有不少与蒙古同化的人。

二　种族与阶级

因为蒙古人始终以征服者自居，所以种族间有很严的阶级分别。在官制上，总是蒙古人为长；在刑法上，蒙、汉两族的待遇也不相同。忽必烈把各地的人分成为四等，即蒙古人、色目人、汉人和南人。这种区划，便于忽必烈的分而治之，但是它加深了各民族之间的矛盾。各民族在政治和经济上的地位很不平等。在政府机构中，重大权力为蒙古和色目人的贵族所掌握，高级官员主要由蒙古人和色目人担任。汉人的地位次一等。而南人在南宋灭亡后的一个时期内几乎没有在中央担任要职。地方上，也主要是蒙古人掌握大权。按规定，达鲁花赤由蒙古人担任，同知由色目人担任，汉人做总管。

元朝法律明显地反映出民族压迫的性质。蒙古人因争斗或者醉酒杀汉人者不处死刑，只是罚凶犯出征，征烧埋银。法律还规定汉人和南人不能收藏兵器。土地的占有状况同样反映了阶级压迫剥削和民族上的差异与不平等。蒙古贵族在消灭南宋的过程中，没收各种官田，占有大量的无主荒田，侵夺民产。元朝皇帝赐给皇亲、贵戚、勋臣、大将以及各种寺观田产的数量相当惊人。如忽必烈赐给撒吉思益都田达一千顷，元文宗以平江的三百顷田赐给安西王阿剌忒纳失里。

三　兵制与驻军

蒙古自己行征兵制，对汉人也行半征兵制，兵的数目一定很大。但元对汉人始终歧视，军机重务汉人不得参预，所以元兵的数目至今无从稽考。驻军各地,镇压汉人,以便永久维持蒙古族的统治地位;蒙古人虽不肯汉化,却不能避免腐化,统治中国的时期比金朝更为短促。元朝末年,天下纷乱,很多蒙古军人在镇压各地起义中,总是诛杀无辜百姓以邀功,当真正的起义军出现时,他们却又作鸟兽散。

四 财政与纸币

元的财政政策,目的并不在压迫人民。只因不能量入为出,结果也成了暴政之一。财政困难,于是就大规模地推行钞法,以致物价腾贵,公私的生活都受损害。至元二十二、二十三年(1285年—1286年),元政府发行的交钞分别高达三百万锭。这表明由于国家财政陷入崩溃,迫使政府靠多印钞票来平衡收支。后来虽想改革,也未收效,最后交钞成为废纸,社会临时又返回到以货易货的停顿状态。

至元二十四年(1287年)初,为挽救财政的恶化,忽必烈复置尚书省,以藏人桑哥为平章政事,主持财政。桑哥执政后,发行至元钞以救钞制之混乱,开浚会通河以利漕粮北运,增加盐茶酒醋的税额,遍行钩考追征逋负偷漏。他的理财措施在稳定国家财政方面是有收效的。桑哥时规定的总税额,此后维持数十年之久,说明没有过分超出当时社会所能承受的范围。不过到了元末,由于社会混乱,元朝的财政总崩溃,百姓于绝望之中纷纷加入起义军反抗元朝统治。

五 喇嘛教

喇嘛教至少是导致元代财政困难的主因之一。蒙古诸帝，或出于政策，或由于半开化民族的宗教热忱，或兼由于两种原因，对喇嘛教极力推崇。喇嘛教，最少八思巴个人，对蒙古文化确有很大的贡献。只因宗教的热狂程度太深，喇嘛对国家财政成了一种危险的寄生虫，对人民成了一种强暴的压力。元朝在各地大肆兴建吐蕃佛教寺院，这些寺院拥有大面积的良田，很多番僧招摇过市、欺男霸女，十分嚣张。元朝法律规定凡是与番僧斗殴者砍断手指，争吵者割断舌头。所以有一种说法叫"元之天下，半亡于僧"。

六 元 亡

元为整个的中国初次陷于外族，又是唯一不肯与中国同化且想同化中国的外族，所以中国人对其反抗也最烈。同时蒙古本身并不十分健全，帝位承继的问题始终未得解决，当继位的人很少得立。此种情形，加以种种有意无意的暴政，再逢严重的天灾，就很自然地引起民变。

元成宗以后，继位的是海山，即元武宗。武宗以后，是爱育黎拔力八达，也就是元仁宗。武宗是依靠爱育黎拔力八达的拥立而登上帝位的，他精通军事，而昧于政事。他一登位，立即任用亲信，遥授官职，排斥世祖忽必烈时代的旧臣，造成朝政紊乱。由于滥封滥赏和无节制地建佛寺、崇佛事，财政危机加深。武宗即位后四个月，就已开支银四百二十万锭。连年灾荒，农民破产，流离失所。武宗即位的第二年正月,绍兴、台州、庆州等六路,发生饥荒,死者甚众,饥户达四十六万。六月,山东、河南大饥,有父食其子者。第三年蝗灾遍及南北各地,黄河在归德府决口。他在位期间,灾害没有间断过。自至正二年(1342年)后,黄河连年泛滥成灾。脱脱复相后,贾鲁被任命治河。至正十一年(1351年),黄河决口。元政府修河,发动民工十五万,另外还有在庐州各地的军队两万人。命贾鲁以工部尚书充河防使,开凿新河道二百八十里引黄河汇合淮河入海。经过五个多月,"河复故道"。但由于连年的灾荒,人民流离失所,修河的官吏从中舞弊,政治上的危机加深,所以黄河开凿之日,成了大起义爆发之时。

最初起事的人一方面利用历代必有的妖言,一方面利用深入人心的排外复国的心理。颍州(今安徽阜阳)人刘福通和栾城(今河北栾城西)人韩山童等以白莲教积极组织起义。他们宣传"弥勒下生","明王出世",同时,散布民谣:"莫道石人一只眼,此物一出天下反。"并且把凿好的一个独眼石人,埋在黄陵岗(山东曹县西南)附近黄河的河道上。民工开河道时掘出这个石人,远近的百姓都轰动了。至正十一年(1351年),韩山童、刘福通等于颍州的颍上(今安徽颍上)聚集三千多人,准备起义。起义者宣称韩山童是宋徽宗的八世孙,发布文告说,要"重开大宋之天"。此后,起义的烽火点燃元朝各地,最后由朱元璋创建了二百五十年来所未有的汉人自治的一统帝国。

第三十八章　明之复国
与政治文化之停顿

(1368—1528 年)

一　科举与八股

科举制度到明代已发展到逻辑的尽头，士子大半只知读国家颁行的程朱课本，尤下的甚至只知背诵程文墨卷。程朱理学被设为官学，考生唯马首是瞻，学术争鸣的风气完全荡尽。

初设科举时，初场考经义，二场试论，三场试策。所谓经义，就是从古代经书中拿出一两句话做题目，让考生发挥成一篇文章。论策就是政论文，考查考生对政事时务的看法和建议。文章的形式是"八股"，即使用八个对偶句来写，不多不少。以成化年间会试题目"乐天者保天下"为例，开篇先提三句，讲"乐天"，四股；中间过接四句，再讲"保天下"，也是四股；末尾四句，作为总结。每四股之中，一反一正，一虚一实，一浅一深，它实际上就是一种文字游戏。总之，科举与八股严重束缚了思想，从此人才的来源几乎完全堵塞，政治文化的发展也陷于绝境。

二　政治设施——专制之深刻化

帝制的专制程度到明代日益深刻，秦汉所创的制度，在坏的方面可说已发展到逻辑的尽头。皇帝现在根本不承认一般臣民人格的存在，因此产生了连前此受半开化的外族统治时都没有的野蛮刑制——廷杖和诏狱。廷杖之刑，始于太祖朝，大臣得咎，在殿上予以杖打，每朝都有因此而毙命的。嘉靖初年，群臣因世宗皇帝给生父上封号的事发生争执，谓之"大礼议"，皇帝怒，廷杖一百多人,打死十六人。诏狱,即锦衣卫狱,明太祖设锦衣卫,实为特务机构,他们直接听命于皇帝,可以逮捕任何人,进行不公开的审讯,制造了无数冤狱。

明初对文人尤其对功臣的极量屠戮更是千古未有的惨案。明朝文字狱盛行,很多人以文取祸。如浙江府学教授林元亮,在上表中有"作则垂宪"的话,便被诛杀,因为"则"与"贼"音近,有讥讽朱元璋早年"做贼"之嫌。杀人最多的当数"胡蓝之狱"。朱元璋借口丞相胡惟庸与大将蓝玉谋反,大肆株连杀戮功臣宿将,受牵连而死者四万五千余人,几乎将明初的开国功臣诛杀殆尽。但最不人道的还要推明成祖对待建文遗臣的方法,朱棣夺权成功后,将齐泰、黄子澄等建文朝臣五十余人全部族诛,妻女发教坊司,即充为官妓,姻亲全部流放戍边。

只有一个已经堕入难以自拔的深渊中的民族能够想象同时又能容忍这种方法。

八股文已使人才难以产生,国家对一些或真或假的人才与他们的家族又想尽方法去摧残或屠杀,这是一个民族与文化的自杀行动。

三　政治设施——宦官之始终当权

明朝初建时,明太祖以历史上宦官祸国乱政为鉴戒,极力防止宦官弄权,他曾感慨地说:"吾见史传所书,汉唐末世皆为宦官败蠹,不可拯救,未尝不为之惋叹。"因此他对宦官做了种种限制,明确规定不许宦官读书识字,宦官不得兼外臣文武衔,不得穿戴外臣衣服、帽子,官阶不得超过四品,政府各部门不得与宦官公文往来,等等。朱元璋仍不放心,又特地在一块铁牌上刻"内臣不得干预政事,预者斩"这十一个大字,以示震慑。

但自成祖以下,宦官权力渐成气候,英宗朝的王振、武宗朝的刘瑾、熹宗朝的魏忠贤,都把持朝政。在宦官的特权中,与诏狱性质相近的东厂尤其是他们用以排除异己的便利工具。东厂设于明成祖时,由亲信宦官主掌。在与锦衣卫的关系上,东厂后来居上。由于东厂厂主与皇帝的关系密切,又身处皇宫大内,更容易得到皇帝的信任。锦衣卫向皇帝报告要具疏上奏,东厂可口头直达。东厂监视政府官员、社会名流、学者等各种政治力量,一时人人自危,道路以目。

皇帝既用种种的野蛮方法摧残臣民,使有志的人也下贱化,又将大权交与心理不健全、大多残酷的宦官贱人,宋以下的民族堕落至此很显然地又加深了一层。

四　兵制与军事

明代于外表上摹仿唐的府兵制,但实际上军士都是世袭的职业兵,与半征兵的府兵制相差甚远。

朱元璋统一全国后,在全国建立卫所,控扼要害。设立中央都督府,为最高军事机关,掌管全国卫所军籍。征讨、镇戍、训练等则听命于兵部。遇有战事,兵部奉皇帝旨意调军,任命领兵官,发给印信,率领从卫所调发的军队出征。战争结束,领兵官缴印于朝,官军各回卫所。这种统军权与调军权分离和将不专军、军不私将的制度,旨在保证皇帝对全国军队的控制。在地方,设都指挥使司(简称都司),置指挥使,为地方统兵长官。都司之下,在冲要地区的府、县置卫或设所。一般卫由卫指挥使率领,辖五个千户所,共五千六百人。洪武二十六年(1393 年),定全国都司、卫所,共设都司十七个、行都司三个、留守司一个、内外卫三百二十九个、守御千户所六十五个。兵额最多时达二百七十余万人。

卫军实行屯田制。但明中期以后,由于大批屯田被豪右、将校侵占,军卒生活无着而大批逃亡,卫所制逐渐崩溃。英宗时发生"土木之变",京军覆没。为保卫京师,朝廷派官四处募兵以应急,大规模推行募兵制,募兵逐渐成为军队主力。

明代只在太祖、成祖的短期内兵力较强,此后对外大致只能守而不能攻。外患一在北边,就是蒙古;一在沿海,尤其东南一带,就是倭寇。这两个问题明朝始终都没有能力完全解决。

五　海外扩张与汉族闽粤系之兴起

在明代的漆黑一团中尚有一线的光明,就是闽粤系的汉族向海外发展的运动。闽粤虽在秦代就已划为郡县,成为中国文化本体的一部分,却需要长时期的孕育酝酿。粤人至今自称为唐人或可证明闽粤地到唐代才与中国本部完全同化,最少闽粤人对中国文化开始有贡献是在唐代。至于闽粤人能独当一面去发展,是到明代方才实现的事。汉人本是大陆民族,闽粤人的舞台却在海外,这是汉族转变方向的纪元大事。

郑和奉成祖之命,七下西洋,庞大的船队最远到达红海海口和非洲东岸,并且越过了赤道。其冒险工作是闽粤人海外扩张的引线,最少是一种增进海外发展的助力,但最重要的还是新兴的闽粤人能够并且乐意大规模地向海洋中开拓前所未有的新途径。

据赵翼《廿二史札记·海外诸番多内地人为通事》载,成化五年(1469年),"琉球贡使蔡璟,言祖父本福建南安人,为琉球通事,擢长史,乞封赠其父母,不许"。当时又有福建人谢文彬,入暹罗国(今泰国),做到了坤岳,相当于明朝的大学士,作为国使来朝。三佛齐国(位于今苏门达腊岛)为爪哇所占,改名旧港,闽粤人多据之。吕宋(今菲律宾)距离福建较近,闽人商贩在此聚居者数万人,子孙后代在此繁衍。

第三十九章　元明理学

一　陈献章

宋末以下程朱的学说成为正统,道统的观念渐渐确立。从此理学难以再有新的发展,《元史》将儒林与文苑混为一谈并非全出偶然,有元九十年间确是无可称述。明代正式定程朱主义为国教,墨守的风气当然更盛。

陈献章是第一个比较明显地又提倡象山学说的人。陈献章字公甫,号石斋,广东新会人,后迁江门的白沙村,故世人多称之为陈白沙。他主张学贵知疑、独立思考,提倡较为自由开放的学风,逐渐形成一个有自己特点的学派,史称江门学派。他改变了程朱理学一统天下的沉闷局面,但仍打着程朱的招牌。到王阳明才公开地与正统派挑战,对陆象山的唯心论也算有点新的贡献。

二　王阳明

王阳明,即王守仁,浙江余姚人,字伯安,号阳明子,世称阳明先生。他发展了陆九渊的学说,用以对抗程朱学派。他说:"无善无恶心之体,有善有恶意之动,知善知恶是良知,为善去恶是格物。"并以此作为讲学的宗旨。他断言:"夫万事万物之理不外于吾心","天理即是人欲";否认心外有理,有事,有物。认为为学"惟学得其心",要求用反求内心的修养方法,以达到所谓"万物一体"的境界。他的"知行合一"和"知行并进"说,旨在反对宋儒如程颐等"知先后行"以及各种割裂知行关系的说法。他论儿童教育,反对"鞭挞绳缚,若待拘囚",主张"必使其趋向鼓舞,中心喜悦"以达到"自然日长日化"。他的学说以反传统的姿态出现,在明代中期以后,形成了阳明学派,影响很大。

这是理学史的最后一页,此后无论程朱或陆王都到了凝结与反刍的时期。

第四十章　新势力之兴起与明之乱亡

(1528—1644 年)

一　蒙　古

明朝晚期有四种新的势力兴起。若无意外的阻力,四者都有吞并中国的可能。第一种新兴的势力就是重新强盛起来的蒙古。明穆宗隆庆初年,蒙古土默特部俺答汗率军寇大同,陷石州(今山西离石),掠文水、文城,直捣山西中部。与此同时,土蛮(东蒙古左翼的图门台吉)亦犯蓟州,掠昌黎、卢龙,直逼滦河,京师再次告急。明朝对这个威胁实际无法应付,恰在此时蒙古内部发生问题。

隆庆四年(1570年),俺答汗之孙把汉那吉与俺答汗闹翻,归附明朝。宣大总督王崇古建议采取安抚政策,优待把汉那吉,以此为契机改善明朝与蒙古各部的关系,内阁大学士张居正和高拱表示支持。俺答也有和明朝改善关系的愿望,于是双方议和,恢复贡市,边境的紧张情势才渐渐地缓和下去。

二　日　本

第二种威胁中国的势力来自日本。嘉靖年间,倭寇大盛,他们组织武装集团,在中国沿海大抢大掠。倭寇所以能猖獗横行,有多方面的原因。一是日本经过了战国时代,商业有了很大发展,各诸侯都要求来中国通商,而官方贸易不能满足其要求,于是就组织武装进行抢掠。二是中国沿海地区也由于工商业发达,许多豪族大姓及海商巨贾都私自出海贸易,并且与日本倭寇相勾结,著名的头子有许栋、李光头、汪直、徐海等,这些海盗集团对明末倭乱要负一部分的责任。这可说是国家不知扶助方兴的闽粤人向海外正常发展所收获的变态结果。

同时，人才的缺乏与政治的腐败又使这种中日合作的海寇难以平定。例如，嘉靖二十六年(1547年)，浙江巡抚朱纨擒杀了海盗首领李光头及奸商等九十六人，但以通倭谋利的闽浙官僚豪绅群起攻讦，指使在朝官员诬陷朱纨擅杀良民，朱纨被迫服毒自杀。朱纨死后，海防更加废弛。嘉靖三十四年(1555年)，有一股倭寇不过七十二人，竟然深入内地，直达南京，南京明军与之接战，死者八九百人，此七十二人不折一人而去。明朝官吏和官军的腐败无能，于此可见一斑。

但倭寇终是小问题，日本内部平定后倭寇自息。对明真正有危险的是方才安定强盛的日本国。日本关白(宰相)丰臣秀吉统一日本后，矛头直指朝鲜和中国。若非朝鲜的缓冲与丰臣秀吉的早死，最少中国一部很有一个日本朝代出现的可能。

三　西　洋

第三种要闯进中国门户的势力就是西洋。明初中国对西洋的知识仍极模糊。明朝末叶最早由海路到中国的西洋人是葡萄牙人。正德年间，葡萄牙人占据广东屯门岛，旋被明军收复；又占浙江宁波的双屿、福建漳州的月港等地，又被逐；但葡萄牙殖民者总是不肯从中国离去，最终占据了澳门，这是西洋人在中国站稳的第一块地盘。

西班牙未得与中国直接交通，只在南洋与闽粤人发生正面的冲突。西班牙人在菲律宾屠杀华侨，华侨纷纷驾舟回国。明政府一向视华侨为奸民无赖之徒，不但不予保护，反倒移书西班牙总督说，屠杀华侨一事，不必视为重要，中国皇帝绝不兴师问罪。这使海外移民这支朝气正旺的汉族遭遇极大的挫折。

天启四年(1624年),中国早就知道而始终未十分注意的台湾大岛被荷兰占据,成为其向大陆发展的根据地。

除了国家的政治经济的活动外,西洋各国人在天主教的支配之下都到中国来传教。为避免士大夫的反对起见,教士多假借中国所缺乏的科学为传教的秘诀,因此也很受一部分人的欢迎。如利玛窦介绍了天体知识,解释日食、月食的原理,著有《乾坤体义》一书,又与徐光启合作翻译了《几何原本》六卷。但同时也有人直觉地感到西洋文化对中国是一种潜在的威胁,非极力排斥不可。明末清初天主教的地位,在中国士人这两种相反的意见之下,时起时伏,升沉无定。

西洋人此时一方面忙于新大陆、印度、南洋诸地的争夺与开发,一方面对于中国的实情尚未看透,所以在中国的行动还不能毫无顾忌,不敢抱过大的野心。因此这个在可能性上最大的威胁,暂时在外表上反倒不成为一个严重的问题。

四 满 洲

最后征服中国的是一个意想不到的新兴势力。以上三种势力已经兴盛之后,满洲仍是东北外边的一个无足轻重的半开化民族。满洲是女真族后裔,一直居住在中国东北。明朝永乐时,欲压制北元残余势力,在中国东北一带设立远东指挥使司,开始着手控制女真各部。建州女真族猛哥帖木儿(努尔哈赤六世祖)时为明朝建州卫左都督,后带领部族定居于赫图阿拉(今辽宁新宾)。

南迁后,建州部与中原地区来往密切,社会生产力显著提高,经济繁荣,八旗制度随即建立,而此时努尔哈赤正担任明朝建州部首领。明万历十一年(1583 年),努尔哈赤袭封为指挥使,以祖、父遗甲十三副,相继兼并海西四部,征服东海女真,统一了分散在满洲地区的女真各部。万历四十四年(1616 年),努尔哈赤在赫图阿拉称汗,建立大金(史称后金)。

1618 年,努尔哈赤公布名为"七大恨"的讨明檄文,开始公开起兵反明,并屡次到关内扰乱,甚至侵到燕京的四郊。1619 年萨尔浒之战,努尔哈赤以少胜多,致明军惨败,由此成为明清战争史上一个重要的转折点。此后明朝在关外就转为守势。

满洲朝气正盛,对新战术能迅速地学习,所以暮气沉沉的明朝也没有以武器优良制胜的机会。满洲当初只知焚杀劫掠,后来也渐感到抚育政策的必要。定国号为大清之后,与明争天下的野心日趋明显。最后明完全失去抵抗力,虽仍不肯承认事实而以上国共主自居,但最少中国北部的陷于清不过是时间的问题。

五 明之乱亡

原来就不很强的兵,到末季更不能用,筹饷反成了一种扰民的借口。战争时期军饷是极其严重的问题。神宗天性贪财,熹宗宠用的魏忠贤贪财,军官也大肆贪污,虚报兵数,于是军费开销越来越大,户部越来越没钱,只有加重老百姓的赋税。这样矛盾越来越激烈,军事问题却没有解决。

开矿的时代狂又加重人民的苦痛。按道理说,矿产可增加财富,但因开矿激发社会矛盾的比比皆是。浙江的温州、处州,福建的浦城等地,明代都有银矿,每年朝廷在此征税。税额逐渐增多,到明代中期福建银矿增加到三万两,浙江增加到八万两。地方财政为此枯竭,百姓苦不堪言。朝廷一度下诏令封闭矿山,但是政府不开,一些所谓的"奸民"私下里偷开矿山,利益驱使之下,因盗矿相互斗殴,死伤不断。朝廷又派遣宦官充当矿监,没想到这又成为百姓的一大灾难。矿监税使横行各地,中饱私囊,百姓怨声载道,国家也没得到多少收益。

明万历时起,朝政日趋腐败,党派林立,党争迭起。万历三十三年(1605 年),被革职的官员顾宪成与好友高攀龙等,在无锡东林书院讲学,讽议朝政,品评人物,抨击当权派,一部分在职官吏如赵南星等也遥相应和。东林党以此得名。与东林党同时,另一批官吏士绅又组成浙、齐、楚、宣、昆各党派。这些党派相互之间也有矛盾,同时又有一部分人勾结魏忠贤的"阉党",满朝汹汹,相互倾轧。东林党人激烈反对"阉党"掌权。杨涟上疏劾魏忠贤二十四大奸恶,被锦衣缇骑逮捕。左光斗、魏大中、周顺昌、黄尊素等人也被捕处死。政局大坏,严重损弱了明朝的力量。

至于仕宦阶级,品格日下,最后几乎不知人间有羞耻事。万历年间,首辅张居正卧病,朝中官员为他祈天祷告,蔚然成风,士大夫趋炎附势,相习成风,以至于此!天启年间,各地官员争相谄事宦官魏忠贤,为他建生祠。"每一祠之费,多者数十万,少者数万,剥民财,侵府库,伐树木无算。"(《明史·阎鸣泰传》)

少数比较有廉耻的人又愚昧可怜,对天下大势全不了解。古代士大夫的知识,只不过是些道德哲学,社会的知识极其贫乏,更不懂军事。国难当头,只会互相攻击,以道德标榜自己,或是争论迁都、议和,缺乏实实在在的办法。总之,君子与小人同样地努力断送国命。

历代乱时必有的起义军此时当然遍地皆是,张献忠、李自成率众在全国流窜,沿途烧杀掠夺,明军追随进剿,劳民伤财,耗尽了大明的气力,直接地结束了大明的天下。

明代湮没人才摧残臣民的政策可说完全成功，明亡时一般王公大臣文武百官的无能与无耻上演了历史上一幕幕少见的丑剧。李自成进北京后，"成国公朱纯臣、大学士魏藻德率文武百官入贺，皆素服坐殿前。自成不出，群贼争戏侮，为椎背、脱帽，或举足加颈，相笑乐，百官慑伏不敢动"（《明史·李自成传》）。但起义军不过是为久窥中国的满洲制造机会，江南虽仍可守，但因天下无人，连东晋、南宋的局面也不能维持，整个的中国第二次又陷于外族。

第四十一章　清朝盛世

(1644—1839 年)

一 疆 土

大清帝国的疆土可与汉唐盛时相比拟。关外各地先后统一，入主中国后又向西北发展，乾隆时代清朝的领土达到最广的限度。清朝全盛时疆域十分辽阔，北起漠北和外兴安岭，南至南海、东沙、中沙、南沙、西沙诸群岛，西起巴尔喀什湖和葱岭，东至库页岛和台湾。清廷所绘制的地图明确地记载了当时中国疆域的四至。

二 对汉族之压迫——剃发

满人虽在关外时就受了中国文化很深的影响，但初入关后对汉族极力压迫，勉强汉人剃发改装，表示他们被征服的地位。清军初进北京，摄政王多尔衮即下令，"凡投诚官吏军民"，一律剃发，圣人之后也不能例外。剃发易服严重伤害了汉人的民族感情，直隶三河县首先发难，起而反抗，各州县随即响应。多尔衮迫于形势，只得取消剃发令。第二年，南明福王被俘，李自成也已败亡，多尔衮以为大局已定，再次降旨剃发。江南士民大愤，苏州、嘉兴、松江等已降州县纷纷击杀清朝官吏，起兵抗清。著名的江阴抗战亦起于剃发令的颁布。清军围攻江阴，遭到顽强抵抗，历时三月。城破后，清军屠城三日，"满城杀尽，然后封刀"。

同时当然也有人特别殷勤地赶先改从满俗。弘文院大学士冯铨、礼部侍郎李若琳没等剃发令下，就抢先剃发，以示效忠。有同僚攻击冯铨曾是阉宦魏忠贤党羽，冯铨便攻击对方曾归顺"反贼"李自成，一时丑态百出。

三　对汉族之压迫——旗地

随着八旗军民进入北京，清朝下达了圈地令。圈占的土地统称为"旗地"。旗地在理论上是明朝的官田与无主的田地，但实际上民房以及茔地也往往被圈。民田被占的也不少，并且圈占的目的不见得都为耕种。很多人失去土地，流离失所，处境困苦不堪。历代被外族征服时所必有的汉奸又助桀为虐，有主的民田被占的因而更多。

满族王公贵族及八旗官兵在旗地上建立起各种屯庄，为了保证屯庄上有足够的奴仆为其耕作，在顺治初年清朝统治者还实行了逼民"投充"的政策。即允许各旗招收"贫民"以为"役使之用"，后来竟发展到"不论贫富，相率投充"的地步。而富者或害怕土地被圈，或为逃避赋役，或为寻求庇护，则携带房屋、土地投充。而汉人一旦投充，在身份上便降为奴仆，失去了人身自由。

四　对汉族之压迫——降臣

清朝虽在关内关外都曾得明朝降臣的助力不少，但降臣有罪必受重刑。陈名夏降清后，任吏部侍郎。顺治八年（1651年），张煊弹劾他"结党营私"，陈之遴奏劾他"谄事睿亲王（多尔衮）"。顺治十一年（1654年）因倡言"留发复衣冠，天下即太平"又被宁完我弹劾。第二天，顺治帝亲自讯问，侍臣当众宣读宁完我的劾奏，不等侍臣读毕，名夏极力辩白。帝大怒："即使要辩解，为何不等宣读完毕？"命陈名夏跪着与宁完我对质。刑科右给事中刘余谟、御史陈秉彝替陈名夏缓颊，双方争执不下。刘余谟喋喋不休，帝为之大怒，下令将其革职，审讯继续进行。陈名夏被转押吏部，吏部主张论斩。后又改绞死。陈名夏之子陈掖臣被押到北京，杖四十，流放东北。

后来乾隆皇帝又在国史中特立《贰臣传》一项，专门去侮辱已死的降臣与降臣的子孙。《贰臣传》分甲乙两编，共收入明末清初在明清两朝为官的人物一百二十余人。如祖大寿等人，是当时清政权下了很大功夫争取过来的。他们怎么也没有想到，百年之后，会被列入《贰臣传》中。

五　对汉族之压迫——文人

因文人对先朝不能完全忘情，所以清初也对他们压迫得最烈。一切结社都被禁止，科场中也屡次借题威吓。顺治九年（1652年）三月，大学士范文程等言："会试中式第一名举人程可则，文理荒谬，首篇尤悖戾经注。"命革中式，并治考官罪（蒋良骐《东华录》）。

世宗时，猜忌更深，文字狱愈烈。雍正六年（1728年）的曾静、吕留良之狱，致使早已作古的吕留良、吕葆中父子被开棺戮尸，枭首示众；吕毅中斩立决；吕留良诸孙发遣宁古塔给披甲人为奴；家产悉数没收。吕留良的学生也受到株连，或斩或流放。而曾静供词及忏悔录，集成《大义觉迷录》一书，刊后颁发全国所有学校，命教官督促士子认真观览晓悉，玩忽者治罪。又命人带领曾静、张熙到各地宣讲。乾隆帝继位后，将曾静、张熙解到京师，凌迟处死，并列《大义觉迷录》为禁书。

雍正年间，翰林院庶吉士徐骏在奏章里，把"陛下"的"陛"

字错写成"狴"，雍正见了，马上把徐骏革职。后来又在徐骏的诗集里找出"清风不识字，何事乱翻书""明月有情还顾我，清风无意不留人"，于是雍正认为这是存心诽谤，照大不敬律斩立决。

后来高宗编纂《四库全书》，在消极方面可说是一个彻底澄清的大文字狱。乾隆借纂修《四库全书》之机向全国征集图书，贯彻"寓禁于征"的政策，对不利于清朝统治的书籍，分别采取全毁、抽毁和删改的办法，销毁和篡改了大批文献。

六　刚柔并施

专事高压，不是聪明的政策，所以清朝也用柔和的手段去牢笼汉人。文人不忘故国，圣祖康熙于是请他们修《明史》。文人好古，圣祖就大规模地搜求遗书，并使他们从事各种编辑的工作。一般人不能忘记他们是被外族统治，清室于是向明陵表示敬意，并请明室的后嗣入旗，世袭侯爵。为了收买民心，康熙、雍正年间又屡次设法减轻赋税。

明末的情形虽是一团糟乱，但张居正推行一条鞭法，最少在理论上曾把田赋丁粮简单化。清代继续推行这种政策，最后将丁粮完全取消，"圣祖特颁恩诏，自康熙五十年以后滋生人丁永不加赋"（《清朝文献通考·户口考一》）。后来又逐渐将丁银摊入田赋征收，废除了以前的"人头税"，所以无地的农民和其他劳动者摆脱了千百年来的丁役负担；地主的赋税负担加重，也在一定程度上限制或缓和了土地兼并；而少地农民的负担则相对减轻。

同时，政府也放松了对户籍的控制，农民和手工业者从而可以自由迁徙，出卖劳动力，有利于调动广大农民和其他劳动者的生产积极性,促进社会生产的进步。这在多一事必多一弊的传统中国的确是一件德政。明代野蛮政治下所强迫下贱化的臣民,以及来历不明的各种贱民,也都被正式解放。

以上种种,虽可说都是开明君主在任何情形下所当有的设施,但最少一部分的作用是在收买被征服民族的人心。

七 改土归流与西南夷之汉化

西南夷虽在战国时代就受了中国文化的影响,秦汉以下在政治上也大致属于中国,但一直到明朝始终没有完全汉化。

为了解决土司割据的积弊,雍正四年(1726 年),云贵总督鄂尔泰建议取消土司世袭制度,设立府、厅、州、县,派遣有一定任期的流官进行管理。雍正帝对此甚为赞赏,令其悉心办理。六年,又命贵州按察使张广泗在黔东南推行改土归流政策。在废除土司世袭制度时,对土司本人,根据他们的态度给予不同的处理。对自动交印者,酌加赏赐,或予世职,或给现任武职。对抗拒者加以惩处,没收财产,并将其迁徙到内地省份,另给田房安排生活。在设立府县的同时,添设军事机构。清政府在改土归流地区清查户口,丈量土地,征收赋税,建城池,设学校;同时废除原来土司的赋役制度,与内地一样,按地亩征税,数额一般少于内地,土民所受的剥削稍有减轻。改土归流的地区,包括滇、黔、桂、川、湘、鄂六省。改土归流废除了土司制度,减少了叛乱因素,加强了政府对边疆的统治,有利于少数民族地区社会经济的发展。

改土归流的政策推行成功,是外族的清朝对中国的一个大贡献。这与明代闽粤人发展成熟,是民族史上同样的大事。

八　衰征与内乱

历史上没有一个能维持永久的朝代，清朝在入主中国的外族朝代中是寿命最长的，在中国历史上所有的一统朝代中也是能维持盛世最久的。但到乾隆、嘉庆之际，衰落的征兆渐渐明显。当初的兵制十分健全，分为八旗兵和绿营兵。八旗兵以镶黄、正黄、正白、正红、镶白、镶红、正蓝、镶蓝等八种旗帜为标志。"旗"本为满族"兵民合一"的社会组织，兼有掌管军事、政治、生产三个方面的职能。凡旗人男丁皆可为兵，平时生产，战时打仗。绿营兵是参照明朝军卫制度改编和新招的汉兵。以绿旗为标志，以营为建制单位，因而得名。绿营仅有极少数驻京师，称巡捕营，隶属八旗步军营统领。其余分屯各省，依所辖地域之大小、远近、险要和人口的多少确定兵额，列汛分营，"以慎巡守，备征调"。

但随着满人入关日久，兵制基础的旗人渐趋堕落，圈占的旗地多被变卖。同时，长期的治平之下人口大增，生活困难，各地都有邪教的宣传或暴动，连皇城也被教匪攻入。原有的旗兵绿营虽尚未到全不可用的地步，但平定内乱已需要新募乡勇的助力，曾国藩的湘军就是这种形式。

第四十二章　明末及清朝之学术思想

一　乾嘉学派

王阳明以后,理学日益空疏虚伪,因而引起反动,产生了清代实事求是的朴学。这种实学可说是一个对理学彻底批评与推翻的运动,它以考据为中心,注重于资料的收集和证据的罗列,主张"无信不征",以汉儒经说为宗,从语言文字训诂入手,主要从事审订文献、辨别真伪、校勘谬误、注疏和诠释文字、考证典章制度以及地理沿革,等等,少有理论的阐述及发挥,也不注重文采,成为清代学术思想的主流学派。朴学盛于乾隆、嘉庆,故又称"乾嘉学派"。其启蒙运动之代表人物,有顾炎武、胡渭、阎若璩等。其全盛运动之代表人物,有惠栋、戴震、段玉裁、王念孙等。

梁启超在《清代学术概论》中说:"综观二百余年之学史,其影响及于全思想界者,一言以蔽之,曰'以复古为解放'。第一步,复宋之古,对于王学而得解放。第二步,复汉唐之古,对于程朱而得解放。第三步,复西汉之古,对于许郑而得解放。第四步,复先秦之古,对于一切传注而得解放。夫既已复先秦之古,则非至对于孔孟而得解放焉不止矣。"

二　科学不发展

明末以下传入中国的西洋科学并未发生多少影响。蒋方震在为梁启超《清代学术概论》作的序中表现如下意思:一是清政府以异族入主中原,知识分子为了逃避政治迫害,不敢研究经世致用之学,遂埋头于训诂考据之中。二是缘于社会之风尚,中华民族富于调和性,尊重传统,不如西方文明富于怀疑精神,敢创新,这也是科学的一大障碍。三是中国人崇尚谈玄,不善实干,中国精神是艺术的,而不是科学的。大致如此。

第四十三章　传统政治文化之总崩溃

(1839—1912 年)

一　背　景

中国虽自宋以下日趋没落，但汉武帝征服四夷后所建起的天朝观念仍然未变。

乾隆五十八年(1793年)，英国为打开同中国的贸易，派特使马戛尔尼，以补祝乾隆帝八十寿辰为名，率七百余人的庞大使团访华。清廷仍以天朝大国接见四夷贡使的习惯思维待之。觐见乾隆前，清朝的接待官员发现英国人不肯向皇帝下跪叩头，这让他们非常头疼。要知道，其他国家的贡使和传教士以前都是下跪的。但马戛尔尼坚决不肯，他说即使在英国国王面前，他也只是行单膝下跪礼，他声称绝不对别国君主施高过自己国君的礼节。只有在上帝的面前，他才会双膝下跪。一番争执之后，乾隆帝恩准马戛尔尼只单膝下跪的要求。

接见完毕，乾隆赐英吉利王一道敕书，大意是："回去告诉你们的国王！鉴于你们倾心于中华文化，不远万里的派遣使节前来叩祝我的万寿，我见你词意恳切恭顺，深为嘉许。但你们表奏上说要派你国人常驻天朝，照管你国买卖，这和天朝的体制不相符合，万万不行。西洋国家很多，又不是只你一国，如果大家都请求派人留居北京，如何是好？所以不能因你一国的请求，破坏天朝的制度。天朝富有四海，奇珍异宝早已司空见惯，看在你们诚心诚意、远道而来的分上，我已下令让有关部门收纳你们的贡品。天朝的恩德和武威，普及天下，任何贵重的物品，应有尽有，所以不需要你国货物，特此告知。"(刘锦藻《清朝续文献通考·四夷考·英吉利》)

清廷自恃"天朝物产丰盈，无所不有"，因循保守，闭关锁国，禁锢了中国人的思想，扼杀了中国人的进取精神，使中国贻误了走向世界的机遇，拉大了同西方的差距。

晚清时，自秦汉以下所建起的中国文化独尊观念仍为士大夫阶级所深信，同时一般国人甚至多数的士大夫实际却非常幼稚，对外人不能了解，专会捏造轻信种种的妖语浮言。例如，当时的民众将西方传教士妖魔化，认为教堂是一个吃人的地方，传教士挖人眼睛，用来做炼银的原料；又说教堂里男女共宿一室，行淫乱之事；洋人懂巫术，以物制裸体妇人，吹气得活，柔软温暖如美人(夏燮《中西纪事》)。

这样一个既傲慢又幼稚的民族绝不能对付一个政治与文化都正旺盛的西洋，各种既滑稽又悲惨的冲突很自然地继续发生。当时经常发生教案，传教士被不明真相的民众杀死。

中国政治上的无作为由宋以下的屡次失败与亡国早可看出，文化上的弱点从此也日益明显。明末清初的葡萄牙人、荷兰人与传教士不过是西洋势力的前哨，到清末西洋各国大规模向中国冲入的时候，中国无论朝廷，或士大夫，或一般人民都忙得手足无措，两千年来所种下的业缘至此要收获必然的苦果。

二　鸦片战争前后

清代承袭明代旧制，乾隆以下将一切通商事宜都归并于广东一地，对外人通商又有种种合乎情理与不合情理的限制，官僚的贪污与地方人民的欺诈更加重这些规例的苦痛。西洋各国在英国率领之下屡与中国交涉，要求废除苛例，并准许使臣与领事常驻中国。西洋最后的目的是要将广大的中国市场全部开放。中国方面却大半采用虚张声势与苟且拖延的政策，最后引起严重的冲突是很自然的。

在西洋人或认通商为主要的问题，但中国方面自道光初年以下感到最成问题的是鸦片毒药的大批输入与白银宝货的大量输出。所以中国与英国第一次的兵戎相见，无论西洋人或后代的历史家如何看法，在当时中国人的心目中确是一个鸦片战争。战争的结果是中国大败，所以在和约中中国所认为重要的鸦片问题并未解决，只解决了西洋人所注意的通商问题。

但和约签字后，中国仍想以不了了之的方法去拖延条约的施行，因而引起第二次中西的大冲突，一直等外兵攻到京师，中国才知道这件事不是拖延政策所能解决的，只得加设政治机关，专门应付外交通商事务。这可说是天朝观念开始动摇的征象。

三　传教问题与太平天国

在中西的冲突中，除通商问题外，还有基督教的传教问题。晚明、盛清的传教士大半都以输入西洋科学与在天朝当差为传教的工具，这当然是不得已的办法。鸦片战争之后，西洋在天主教的法国的策动之下，强迫中国承认传教与信教的完全自由。1844年冬，法国强迫清政府签订了不平等的《黄埔条约》。这个条约规定，允许法国天主教在通商口岸自由传教，清朝地方政府负责保护教堂的安全。从此为基督教大开方便之门。

基督教一时很惹人注意，甚至有人利用它的名义倡导内乱，图谋推翻外交失败的满族政权。1843年，洪秀全与表亲冯云山、族弟洪仁玕从基督教小册子《劝世良言》中吸取某些基督教义，后来自行洗礼，并在广东花县首创"拜上帝教"，经过两年多的发展,信众达两千多人。1851 年,洪秀全在广西桂平金田村誓师,宣布起义,正号"太平天国元年"。经过两年余奋战,自广西入湖南、进湖北,顺长江而下,经江西、安徽、江苏,于咸丰三年二月(1853 年 3 月)攻下江宁府城,随即将它定为国都,改名天京。太平天国声势浩大,致使大清半壁的天下临时丧失,最后还靠汉族中出来几个人把太平天国打倒。

这时清皇朝的八旗兵、绿营兵也日趋衰败。清廷先后调集大批军队前往广西、湖南镇压,结果纷纷败溃,只好寻求地方武装力量进行阻挡。当咸丰二年(1852 年)太平军进入湖南后,清廷便命令两湖督抚等地方官员劝谕士绅,举办团练。此时,曾国藩正因母丧在原籍守制。这年十二月十三日(1853 年 1 月 21 日),他接到湖南巡抚张亮基转来军机大臣传达咸丰帝十一月二十九日上谕,要他以在籍侍郎的身份协助张亮基"办理本省团练乡民"。曾国藩接旨后四天即前往长沙,着手筹办团练武装。

鉴于清朝原有军队已不足以维护帝国统治秩序的实际状况,曾国藩认为必须从根本上着手,建立与培训起一支有严密组织并有顽强战斗意识和实战能力的新军。为此,他拟定了他的建军原则,竭尽全力组织起一支新的地主阶级武装——湘军。

曾国藩利用宗法关系作为维系湘军的纽带,使全军上下归他一人调度指挥,湘军成为以曾国藩为首领的私人武装。这是中国近代最早出现的军阀集团。湘军的骨干多是以各种宗法关系纠集在一起的中下层知识分子。他们出身于一般中小地主家庭,功名不高,或是诸生、文童,也没有显赫的政治地位。但这些人都浸透了帝制正统思想,都以坚决维护名教纲常和统治秩序为己任。这些人比腐朽的帝国官僚有才干,他们兢兢业业,有一股拼命向上爬以取得功名利禄的顽强精神和野心。曾国藩正是带领这样一批儒生,结成"誓不相弃之死党",而成为太平军的死敌。

四　甲午戊戌与庚子辛丑

英法联军以后,中国对外没有再受严重的挫折,以为大势已无问题。一直到甲午战争,被素来所轻视的日本打败,在羞愤之下才知道自己实在衰弱不堪,非设法振作不可。

1895 年 4 月,日本逼迫中国签订《马关条约》的消息传到北京,康有为发动在北京应试的一千三百多名举人联名上书光绪皇帝,痛陈民族危亡的严峻形势,提出拒和、迁都、练兵、变法的主张,史称"公车上书"。这次上书,对清政府触动不大,却轰动了全国。"公车上书"揭开了维新变法的序幕。

在维新人士和帝党官员的积极推动下,1898 年 6 月 11 日,光绪皇帝颁布《明定国是诏》,宣布变法。新政从此日开始,到9月 21 日慈禧太后发动政变为止,历时一百零三天,史称"百日维新"。

在此期间,光绪皇帝根据康有为等人的建议,颁布了一系列变法诏书和谕令。主要内容有:经济上,设立农工商局、路矿总局,提倡开办实业,修筑铁路,开采矿藏,组织商会,改革财政;政治上,广开言路,允许士民上书言事;军事上,裁汰绿营,编练新军;文化上,废八股,兴西学,创办京师大学堂,设译书局,派留学生,奖励科学著作和发明。这些革新政令,目的在于学习西方文化、科学技术和经营管理制度,发展资本主义,建立君主立宪政体,使国家富强。

新政措施虽未触及帝制统治的基础,但是,这些措施代表了新兴资产阶级的利益,为顽固势力所不容。清政府中的一些权贵显宦、守旧官僚对新政措施阳奉阴违,托词抗命。1898 年 9 月 21 日凌晨,慈禧太后突然从颐和园赶回紫禁城,直入光绪皇帝寝宫,将光绪皇帝囚禁于中南海瀛台;然后发布训政诏书,再次临朝"训政"。9 月 28 日,在北京菜市口将谭嗣同、杨锐、刘光第、林旭、杨深秀、康广仁六人杀害;徐致靖被处以永远监禁;张荫桓被遣戍新疆。所有新政措施,除七月开办的京师大学堂(今北京大学)外,全部都被废止。

变法失败后,一切旧制随之复辟。反动政府,不只废除新政,并且想借义和团的神力歼灭洋人,以为将中国的洋人全部杀掉,天下就可太平无事!

当初,义和团在直隶、京津地区的迅速发展,引起清廷的不安。在如何对待义和团的问题上,清廷内部多次发生激烈的争吵,有人主"剿",有人主"抚"。最终,慈禧太后"决计不将义和团剿除",认为"以之抵御洋人,颇为有用"。主抚派占了上风。从此,义和团在清廷的默许下大批进入北京和天津。同时适逢八国联军攻破大沽炮台,中国于是揭开假面具,正式向全世界宣战。这是历来既傲慢又幼稚的民族特征所演出的滑稽惨剧,最后为自己制造了政治上与经济上无穷的负担,清朝的命运也随着到了末路。

五　科举废除与帝制推翻

传统的中国,在制度方面可以帝制为象征,在文化方面可以科举为象征。经过西洋七十年的打击之后,自宋以下勉强支持的中国不能再继续挣扎,传统中国的两个古老象征也就随着清朝一并消灭。

义和团之乱平定以后,清廷就明令废除八股文。1901 年后,随着清廷"新政"的推行,政治、军事、工商、法律、教育文化等方面发生一系列变革,对新式人才的需求与日俱增,废科举几乎成了全国上下的一致呼声。1902 年清廷颁布《钦定高等学校章程》,鼓励高等学堂开设算学、物理、化学、历史、地理、动植物和外文。终于,1905 年 9 月 2 日,袁世凯、张之洞等一批实权大臣联合上奏,要求废除科举制,大力兴办学堂,得到了慈禧太后和光绪皇帝的批准,下诏从 1906 年停止所有科举考试,科举制遂寿终正寝。

科举既被废除,从此专靠新式学校培养人才。国内遍立学校之外,又派学生往东西各国留学。

早在 19 世纪 70 年代,清廷重臣曾国藩、李鸿章、左宗棠等倡导发起了"师夷长技以制夷"的洋务运动,希望利用西方的科学文化知识挽救垂死的清王朝。从 1872 年到 1875 年,清政府先后选派了一百二十名十岁至十六岁的幼童赴美留学。这是近代中国历史上的第一批官派留学生。

第一批留学生虽然派出得很早,但最大规模的官费留学还是美国退还庚子赔款以后的事。

义和团乱后,清廷在政治上仍不肯真正改革,直到日俄战争后,俄国的失败触动了他们,当时舆论大都认为这与俄国未行宪政而日本实行了宪政有着密切关系。迫于形势和舆论的压力,1905 年 10 月,清廷派载泽、端方、戴鸿慈、李盛铎、尚其亨等五大臣分赴日本及欧美各国"考察政治"。次年,出洋考察的大臣们陆续回国,建议朝廷诏定国是,仿行宪政,以便安抚人心,稳定大局。慈禧太后经过反复考虑,采纳了他们的意见。1906 年 9 月 1 日,清廷正式宣布"预备仿行宪政"。但是,清廷并无立宪的诚意,而是企图借立宪之名,实行中央集权、满族贵族集权。1908 年 8 月 27 日,颁布《钦定宪法大纲》,规定大清皇帝的统治"万世一系",是至高无上、神圣不可侵犯的,一切颁行法律、召集开闭解散议院、设官制禄、统率海陆军、宣战媾和、订立条约、宣布戒严、司法等大权,全在君主一人手中。特别是用人、军事、外交等大权, 议院根本不得干预。清廷此举进一步暴露了它根本没有立宪的诚意。

1911 年 5 月,清廷宣布成立第一届责任内阁,在内阁大臣十三人中,满族贵族占了九人,而其中皇族又占五人,被称为"皇族内阁", 军政大权进一步集中到皇族亲贵手中。这就暴露了"预备立宪"的骗局,引起了地方军阀、官员和立宪派的普遍不满,清廷变得更为孤立。立宪派认为清廷此举"不合君主立宪国公例",要求另外组阁。清廷断然拒绝了他们的要求。各省咨议局联合会发表《宣告全国书》,痛苦地承认"希望绝矣"。立宪运动彻底破产。

庚子以后不能说清廷一事未做。但所做的事都嫌太晚,并且缺乏诚意,终致大清的政权被推翻;战国诸子所预想、秦始皇所创立、西汉所完成、曾支持中国两千年的皇帝制度,以及三千五百年来曾笼罩中国的天子理想, 也都由清帝退位时轻描淡写的一纸公文宣告结束。

帝制先取消了科举,象征传统文化大崩溃的开始;然后帝制自己也被取消,象征传统制度大崩溃的开始。所余的是一个在政治文化各方面都失去重心的中国, 只有一个外表上全新的面孔聊以自慰自娱。积弱不堪的民族文化从此要在新旧的指针一并缺乏之下盲目地改换方向,乱寻方向;前途茫茫,一切都在不可知的定数中。